青少年百科丛书

中外历史

主编 赵志远

新疆美术摄影出版社

图书在版编目(CIP)数据

中外历史 / 赵志远主编. — 乌鲁木齐：新疆美术摄影出版社，
2011.12

(青少年百科丛书)

ISBN 978-7-5469-1983-6

Ⅰ.①中… Ⅱ.①赵… Ⅲ.①世界史 – 青年读物②世界史 – 少年
读物 Ⅳ.①K109

中国版本图书馆 CIP 数据核字(2011)第 253856 号

青少年百科丛书——中外历史

策　　划	万卷书香	
主　　编	赵志远	
责任编辑	孙　敏	
责任校对	曹　静	
封面设计	冯紫桐	
出　　版	新疆美术摄影出版社	
地　　址	乌鲁木齐市西北路 1085 号	
邮　　编	830000	
发　　行	新华书店	
印　　刷	北京佳信达欣艺术印刷有限公司	
开　　本	710 mm×1 000 mm　1/16	
印　　张	10	
字　　数	130 千字	
版　　次	2012 年 1 月第 1 版	
印　　次	2012 年 1 月第 1 次印刷	
书　　号	ISBN 978-7-5469-1983-6	
定　　价	19.80 元	

目 录

中国历史

1

MU LU

世界历史

目 录

中国历史

ZHONG GUO LI SHI

☆ 盘古开天辟地

天地是怎样形成的?人类是从哪里来的?今天都已有了正确的科学的答案。然而,在这些"谜"未解开之前,几千年来只能靠神话故事来回答。当然,神话故事往往很荒诞离奇。可是,它却反映了人类祖先对自然现象和社会生活的天真解释,反映了他们的美好的幻想和向往。

自古以来,流传着一个"盘古开天地"的神话故事。传说在遥远的古代,天地还没有形成,宇宙是混混沌沌的一团气,既不分上下左右,也没有东西南北,没有光,也没有声音,犹如一颗浑圆的鸡蛋,蛋清中间有一个蛋黄,人类始祖盘古氏在这个浑圆的东西中间孕育了18000多年,最终像孵化出的小鸡一样,破壳而出。这时,

盘古像

盘古氏挥舞起一把神斧,把这一团混沌劈了开来,分成两部分,一部分清而轻的气往上浮升,一天能浮升一丈,天长日久,就形成了蓝天;一部分浊而重的物质往下沉,一天能沉一丈,天长日久,就形成了大地。而盘古氏一天也能长一丈高。这样,又过了18000年,天升得很高很高,地变得很厚很厚,盘古氏也长成了顶天立地的巨人。

盘古氏成为巨人之后,他有了喜怒哀乐的表情,而天地之间的变化也是随着他的喜怒哀乐的变化而变化。盘古氏高兴的时候,天空就很晴朗,发怒的时候,天空就显得阴沉;当他哭泣的时候,天空就下起雨来,呼吸的时候,大地上就形成一阵阵大风;当他睡下来,发出的鼾声,就形成了轰鸣的雷声。

不知多少年过去了,这位伟大的开天辟地的巨人死了。他躺在大地上,头东脚西,他的头化为东岳泰山,脚化为西岳华山,左臂化为南岳衡山,右臂化为北岳恒山,他的肚子化为中岳嵩山,他的五脏六腑、头发和汗毛就化成了太阳、月亮、星星、高山、河流、草、木等。

盘古开天辟地的神话故事,情节虽然离奇,可它给后人留下一个深刻的道理:人的力量是伟大的。

☆炎黄子孙

很古老的时候，在氏族社会后期，我们的祖先逐渐形成了黄帝族、炎帝族和九黎族三个大部落。黄帝族和炎帝族最早居住在西北的陕西一带。后来，黄帝族定居在现在的河北涿鹿附近。传说黄帝是个很有本领的人，他发明了车、船和锅，制造了一种叫"弩"的、用机械力量射箭的弓，他还叫仓颉创造了文字。他的妃子嫘祖发现了养蚕能抽丝、织锦。炎帝族最后也来到山东地区。九黎族的活动范围，主要在现在的山东、河南和安徽一带。传说炎帝族和九黎族为了争夺黄河流域的肥沃土地，发生过一次战争，炎帝族被打败了。他们向黄帝族求援，炎黄两族联合起来，大败九黎族的首领蚩尤。于是，九黎族的一部分与炎黄两族合并，留在了北方，另一部分向南迁移到湖北、湖南一带，与当地的三苗族相结合。后人认为这就是苗族的祖先。

炎帝陵

炎帝，即神农氏，与黄帝一起被尊奉为中华民族的先祖。因此，今天中国人仍称自己为炎黄子孙。传说炎帝晚年南巡途中因误尝毒草身亡，死后葬在湖南酃县（今炎陵县）白鹿原。图为炎帝陵。

这三大部落互相征战，互相融合，共同开垦着这片广阔的土地，繁衍生息，代代相传。所以，他们是我们这个多民族国家的共同祖先，后人才常常称自己是"炎黄子孙"。

炎帝陵炎帝塑像

☆黄帝战蚩尤的传说

在遥远的古代，我国的黄河流域居住着许多分散的人群。他们按照亲属关系组成氏族，许多氏族又组成了部落。黄帝和蚩尤就是两个大部落的首领。

黄帝姓公孙，后改姓姬，名叫轩辕，所以人们又叫他轩辕黄帝。他的部落联盟原来居住在我国西北部。蚩尤是九黎部落联盟的首领，原来居住在我国东南部。后来，两个部落联盟逐步向中原地区推进，不断发生冲突，最后展开一场异常激烈的战争，史称"涿鹿之战"。

传说蚩尤长得凶猛异常，他是人身牛蹄、四目六手，头上生有坚利的角，耳朵旁边的头发直竖起来好像剑戟。他还有81个弟兄，都是铜头铁额、兽身人语。蚩尤与

涿鹿之战图

的包围中。

黄帝的一个名叫风后的臣子，非常聪明。他运用鬼斧神工的本领，很快替黄帝做了一辆"指南车"。靠着这辆车子的指引，黄帝才统率着军队冲出大雾的包围。

黄帝亲自擂起战鼓，指挥将士奋勇冲杀。雷鸣般的鼓声，在战场上空轰响，吓得蚩尤的兵士魂飞魄散，四散奔逃。黄帝打了一场大胜仗。蚩尤逃到北方，请来夸父族帮忙，再与黄帝决一雌雄。但他们毕竟抵不过黄帝的谋略，终于失败。在最后一战中，蚩尤落入黄帝军队的重重包围，被活捉杀掉了。

后来孙中山先生赞颂黄帝时写道："中华开国五千年，神州轩辕自古传。创造指南车，平定蚩尤乱，世界文明，惟有我先。"

刑天

《山海经·海外西经》说，刑天与黄帝争位、厮杀，最后被黄帝砍断了头，把他葬在常羊山麓。刑天虽断了头，却仍不泯志。他以乳头为目，以肚脐为口，操盾牌、大斧继续与黄帝再决雌雄。这段传说的神话色彩极浓，反映了中国远古时代氏族部落之间血腥争斗的历史。

他的81个弟兄率领大军，浩浩荡荡从东方杀向涿鹿(今河北涿鹿县)。

当双方的军队在原野上激战正酣的时候，蚩尤呼风唤雨，吹烟喷雾，一时间漫天遍野的大雾把黄帝和他的军队团团围困在中心，不辨东西南北。黄帝手里挥舞着宝剑，大声地喊道："冲出去呀！冲出去呀！"但是冲杀了老半天，还是在白茫茫的大雾

民间剪纸所描绘的蚩尤

☆ 大禹治水的传说

舜将鲧处死在羽山，接着，又让鲧的儿子禹去治水。

禹改变了父亲治水的那套老办法，带领百姓，拿起工具走遍九州，首先勘察地形，认真调查研究，分析原因。之后他用开渠排水、疏通河道、引洪入海的办法，终于征服了洪水。

禹历尽千辛万苦，为治洪水用了长达13年的时间。13年中，他和老百姓一起劳动，带头挖土、挑土，累得腿上的毛也磨光了，13年里没回过一次家，曾三次路过家乡也没回去。有一次，他的妻子涂山氏生下了儿子启，禹从门外经过，听到儿子的哭声也没进屋，拔腿又跟大伙儿一起去治水了。

禹经过13年的努力用来治水，终于完成了父亲未完成的事业。后来人们因赞扬禹治水的丰功伟绩，称禹为"大禹"。

舜死后，因为大禹治水有功，大家一致推选他为继承人，做了部落联盟首领。

大禹像

浙江绍兴大禹陵

☆ 夏朝时代的后羿

禹死后，启做了国王，建立了我国历史上第一个朝代——夏。

启做了国王以后，杀死父辈的一些有功之臣，征服了曾经反对过他的邻邦，便认为自己的王位已坐稳，整天吃喝打猎，不理朝政，过着荒淫无度的生活。当他年老的时候，宫中内讧起来，五个儿子都想继承王位。最后，启立大儿子太康继承了王位。

太康从小受父亲恶习的影响，学父亲喝酒、打猎，贪图享乐，生活比启更腐败，他丢开国家大事不管，到很远的洛水边去

后羿射日衣箱

打猎，一连几个月都不回家。

那时候，黄河下游一带有个夷族部落，首领叫后羿，渐渐强大起来，便想趁机夺取夏王的权力。

后羿是个百发百中的神箭手，他看到太康长期外出打猎，不理国家大事，又看到老百姓民不聊生，怨声载道，就乘机出兵，轻而易举地攻占了夏朝的首都安邑。等太康打猎完高高兴兴地回家时，他已无家可归，只好在洛水北岸过着流亡生活。

后羿攻占了安邑后，不敢自立为王，便让太康的弟弟仲康当上傀儡王，他自己在幕后操纵国家大权。可是，当时有个叫伯封的诸侯，识破后羿的阴谋诡计，不服他的管辖。因此，后羿就派兵讨伐伯封，将伯封抓来杀了，并抢走了他的母亲玄妻，封玄妻为宠妃。当后羿凯旋的时候，寒国公子寒浞来投奔他。此人阴险狡猾，胡作非为，在寒国国王面前得不到重用，因此决定投奔后羿。

寒浞在后羿面前甜言蜜语，奴颜媚骨，骗取了后羿的信任，后羿封他为相国，他自己只顾整天吃喝玩乐，射箭打猎，把朝政大权都交给了寒浞。

寒浞早就野心勃勃，想当国王。因玄妻的儿子是被后羿杀死的，便在玄妻面前挑起是非，联络玄妻，并到处施行贿赂，收买部分大臣，准备刺杀后羿。

后来有一天，寒浞带领几个刺客埋伏在树林中，趁后羿打猎回来路过这里，突然射出乱箭，后羿中箭身亡。

夏启像

☆太公钓鱼，愿者上钩

商纣王时期，姜子牙闲来无事，经常到渭河边去钓鱼，他钓鱼的方法很特别，他用的是直钩，并且从不在钩上放鱼饵。他一边钓鱼，一边唱道：

"太公钓鱼，愿者上钩。"

虽然经过几天没有钓到一条鱼，但他仍然坚持每天按时来到渭河边垂钓。

姜太公的行为终于引起了人们的注

姜太公像

意。一天，一位叫武吉的砍柴人好奇地坐到姜太公身边，与他聊了起来。

姜太公自我介绍说：

"老朽姓姜，名尚字子牙，道号飞熊。"

武吉听了姜太公自号"飞熊"，觉得很可笑。便说：

"像您老先生这样整天坐在这渭水河

边钓鱼，而且还用直钩，不要说鱼，只怕连虾也钓不到。一个连鱼都不会钓的人，居然自号飞熊，实在令人可笑。"

姜太公听了武吉的话，只淡淡地一笑。

后来，周文王听说渭水河边有位老者用直钩钓鱼，他就料到此人一定是位奇才。于是他带上厚礼去聘请姜子牙。姜子牙入朝后被封为太公，作了军师，后升为丞相，辅佐文王、武王伐纣，建立了周朝。

周文王

姬昌，周族领袖，商纣时为西伯。他在位50年间，国势强盛。周文王注意发展生产，推行"耕者九一"，即劳役地租为产量的十分之一。他颁布"罪人不即"的法令，即不把犯罪人的家属罚做奴隶，稳定了内部秩序。他通过调解虞、芮两国的争端，使两国归附。又击败犬戎，攻灭黎、邘、崇等国。建都于丰邑（今陕西西安西南沣水西岸），积极准备灭商。庙号文王。

利簋

陕西省临潼县出土。簋内底有32字铭文，记载了周武王征商，在甲子日上午击败商王军队的史实。与中国古代文献记载完全一致。

☆周公辅成王

周武王建立了周王朝以后,过了两年就得病死了。他的儿子姬诵继承王位,这就是周成王。那时候,周成王才13岁,刚建立的周王朝还不稳固。于是由武王的弟弟周公旦和周文王的儿子召公共同辅助成王掌管国家大事。纣王的儿子武庚虽然被封为殷侯,但渴望重新恢复他的殷商的王位。于是他煽动东夷中的几个部落,闹起叛乱来,并制造谣言说周公有篡权的野心。召公听了也怀疑起来。成王年幼不大懂事,更闹不清是真是假,对这位辅助他的叔父也有点信不过。周公心里很难过,他首先与召公谈了一次话,告诉召公,他绝没有野心,劝召公要顾全大局,不要轻信谣言。召公被他这番诚恳的话感动了,从此消除了误会,重新和周公合作。周公在安定了内部之后,毅然调动大军,亲自率领大军东征。用了3年的工夫,周公终于平定了武

周公像

庚的叛乱。周公辅助成王执政了7年,总算把周王朝的统治巩固下来,还制订了一套周朝的典章制度。到周成王满20岁的时候,周公把政权交给成王管理。从周成王到他的儿子康王两代,前后约50多年,是周朝强盛和统一的时期,历史上叫作"成康之治"。

周公辅成王(画像砖)

☆ "国人暴动"与"共和新政"

西周第十个国王是周厉王，他是个贪图享乐、十分暴虐的君主。

周厉王一上台就大造宫殿楼宇，供自己享受。这时，国家并不富裕，可是他却挥金如土，把国库里的钱全部用光了，然后到处敲诈勒索，搜刮民财，逼得民不聊生，老百姓怨声载道，对朝廷日益不满。

周厉王得知国内乱得一团糟，流言蜚语四起，就命令一个叫荣夷的宠臣，化装成平民百姓，混到百姓当中，专门监视老百姓的言行，发现有人散布对朝廷不满的言论，马上就抓进牢狱，有的甚至杀头。一时间，人心惶惶，老百姓敢怒而不敢言。

当时，有位叫召伯虎的大臣，常常听到城里百姓(称国人)的怨言，他忧国忧民，便大胆地劝说周厉王："大王，汹涌的河水虽然一时可以堵住，但堤坝一破，水一泻千

国人暴动图

里，那损失更大。如果堵住百姓的嘴，百姓忍受不了的时候就要反抗，出了乱子可不好收拾啊！"可是，周厉王却执迷不悟，根本就听不进召伯虎的话。

果然不出所料，到了公元前841年，城里的百姓实在忍受不了这种残暴的统治，终于发动了一场大规模的暴动。接着，不少奴隶和士兵也纷纷响应，参加了暴动。

暴动的群众首先包围了王宫，周厉王见势不妙，连忙带上一批人马，从小门逃走，一直逃到彘地(今山西霍县西北一带)。

接着，起义军冲进王宫，点起火来，烧掉了富丽堂皇的宫殿和许多豪华的楼宇。随后，起义军又赶去东宫，捉拿太子静。哪知，太子静早已逃走，躲在召伯虎的家中。起义军紧接着包围了召伯虎的家，要他交出太子静，召伯虎左右为难，最后，只好将自己的儿子假冒太子静交给了起义军。召伯虎的儿子被起义军打死了，太子静保住了性命。

周厉王逃走了，起义军中一片欢呼声，人们无不拍手称快。这时，周朝的一个小诸侯国国君共伯和率领大军开进都城镐。

厉王出走后，朝廷中没有国王，经大臣们商量，暂时让召伯虎和共伯和主持贵族会议，行使天子职权。历史上称为"共和新政"。

☆ 烽火戏诸侯

周朝统治的800多年中,最腐败、最衰落的年代要数西周幽王执政时期。

周幽王是个昏君,他上台期间不理朝政,整天只顾吃喝玩乐。当时,他命令大臣到各地选美女送到宫里,供他尽情玩乐。

选来的美女当中,有个叫褒姒的,美貌绝伦,周幽王非常宠爱她。

褒姒是个平民百姓的女儿,抓来以后,常常因思念自己的亲人、过不惯宫中的生活而整天眉头紧锁,有时哭哭啼啼,闹着要回家,这可把周幽王急坏了,他想了很多办法想使褒姒有个笑脸。然而,办法倒想了不少,可就是不见效,周幽王不知所措。

一天,朝廷里有个叫虢石父的大臣来了,此人奴颜媚骨,专会奉承,出鬼主意。只见他低头弯腰,跟周幽王耳语了一阵,周幽王听了之后连连称赞说:"妙!妙!真是妙主意,事成后一定重赏。"

周幽王根据虢石父的主意,带着褒姒来到骊山的城楼上赏月,城楼上备满了许许多多水果、点心。周幽王和褒姒对饮,接着,又命人在烽火台上点起火来,一时间,狼烟四起。

烽火台上狼烟升起来了,四方的诸侯以为北方的敌人戎狄打过来了,便带领人马,一齐奔向骊山援救。当各路大军赶到骊山脚下时,才发现这里太平无事,根本没

烽火戏诸侯(连环画)

发生什么军情。大家抬头朝城楼望去,看到周幽王和褒姒正在喝酒,还有舞女跳舞助兴呢!诸侯和士兵们都非常气愤,掉过头来就往回走。可是,后面仍有信以为真的援兵朝骊山脚下开来,进的进,退的退,成千上万的兵马在这里乱成一团。诸侯上当受骗的情景,终于使褒姒看得笑了起来。周幽王第一次见到褒姒的笑容,心里高兴得无法形容,当场重赏了虢石父一千斤金。

不久,戎狄真的对周朝发动了进攻,戎狄带领大军一直打到骊山脚下,周幽王连忙命人点起烽火。

狼烟又升起了,可是,这次诸侯们都以为是跟上回一样,他们不再相信周幽王了,没有一路兵马来援救。结果,戎狄的军队攻占了骊山一带,杀了周幽王,抢走了褒姒,接着又攻下了都城镐京。

周幽王死后,他的儿子平王即位,于公元前770年迁都洛邑(今河南洛阳)。历史上把周朝迁都前称为西周,迁都后称作东周。

☆《孙子兵法》

《孙子兵法》是世界公认的现存最古老的军事理论著作,被誉为"兵经""兵学鼻祖"。比古希腊色诺芬的《长征记》、古罗马弗龙廷的《谋略例说》、韦格蒂乌斯的《军事简述》时间更早,更有学术价值。孙武的《孙子兵法》全文仅6千字,其战略思想却涵盖了和平时期和战争时期的战略。如"不战而屈人之兵"的全胜战略,被西方人誉为大战略;"胜于易胜"是指导战争全局的军事战略,即要正确的战略预见、广泛的战略侦察、巧妙的战略伪装、高明的战略指挥,可谓博大精深。

《孙子兵法》问世之后,以三国时曹操注解的《孙子兵法》为肇始,宋、明以来注家蜂起,总计不下130家。

《孙子兵法》书影

孙武

孙武,字长卿,齐国人,大约活动于春秋末期。孙武出身贵族,后流亡到南方的吴国,结识了吴王阖闾的谋臣伍子胥。经伍子胥推荐,孙武带着所著的兵法进见吴王,得吴王的赏识,任为将。孙武曾以3万军队打败了楚国的20万大军,攻入楚国都城郢(今湖北省江陵)。从此吴国强盛起来,北威齐晋,显名诸侯。孙武是先秦兵家的始祖,其所著的《孙子兵法》是极有影响的一部兵书。

《孙子兵法》最早流传到日本。自8世纪以来,日本研究《孙子兵法》的著作大约有160种。

《孙子兵法》的西传,以法国神父约瑟夫·阿米欧于1772年在巴黎出版的法文译本为最早。从拿破仑开始,西欧战略家们对《孙子兵法》爱不释手。1905年,英国人卡托普将《孙子兵法》译为英文,在伦敦出版;1910年,布鲁诺·纳瓦拉将《孙子兵法》译为德文,名为《中国的武经》,在柏林出版。1973年,希伯来文的《孙子兵法》在耶鲁撒冷出版。《孙子兵法》驰名中外,百世流芳。

☆ 鱼肚藏剑夺王位

古时候，吴王寿梦有四个儿子，都很有才干，特别是最小的儿子季札他最喜欢，便想将来让季札来继承王位。可是，兄弟四人和睦团结，季札无论怎样也不肯答应。寿梦只得临死前立下遗嘱，死后王位先传给老大，老大传给老二，老二传给老三，老三传给老四，总之，王位必须先传给兄弟，不可传给儿子。

寿梦死了，根据他的遗愿，老大继承了王位，老大心想："按照父王的遗嘱，兄弟们等到做王的时候，不也老了吗？或许有的已经死了，他们还能有机会当上国王吗？"于是，老大做了几年国王后便亲自带兵攻打楚国，战死在沙场，王位由老二来继承了。

老二做了国王以后，他的想法也跟老大一样，也学老大，带兵打仗，战死在阵地，王位只得由老三来继承了。老三当了几年吴王之后也想学老大、老二，将王位让给老四季札。可是，季札为人十分义气，宁死

专诸刺王僚画像砖（拓片）

吴王夫差鉴

此鉴方唇束颈，腹下敛，平底。两侧为兽首耳，前后两面饰伏兽。腹饰浪花状变形蟠虺纹带。此器自河南传出，当时河南为晋地，系吴亡后吴人奔晋时所带去的。

也不让老三这样去做，老三没办法，只得继续做国王。

公元前527年，老三得了重病，临死时，要季札继承王位。季札一直没有做国王的想法，只得跑到深山去隐居起来了。这样，根据当时的继承法，王位就该由老大的儿子光继承了。

老三死了，丧事还没办完，老大的儿子光还没来得及登基，哪知，老三的儿子僚串通一班大臣篡夺了王位。光十分气愤，一心想把王位夺回来。

光一心想杀堂弟僚夺回王位，可是找不到下手的机会，便找伍子胥商量，伍子胥又找来一位侠客专诸，三人一起商量了对策。

吴王僚喜欢吃鱼。一天，光假意对僚说："我请来一位专烧大鱼的名厨师，明天请您一同品尝品尝这厨师烧的鱼怎样？"僚很高兴地答应了。

第二天，吴王僚带上几十名卫士来到

光家里吃饭。僚十分谨慎，每上一道菜，先让卫士检查一番，让卫士先尝一口，然后才端上去。待到煮鱼时，侠客专诸早已将一把锋利的匕首藏在鱼肚里。大鱼煮好后，专诸将鱼端了上来，僚闻到那鲜美的鱼味垂涎三尺。突然，专诸从鱼肚里抽出了匕首，向僚的胸口刺去，僚措手不及，连遭数刀，被杀死了。

接着，光带上士兵，直奔王宫，杀死了僚的一批大臣，占领了王宫。在士兵们的拥护下，光夺回了王位。

范蠡

春秋末年政治家，著名商人。字少伯，楚国宛（今河南南阳）人，曾辅佐越王勾践灭吴，随即离越入吴，易名鸱夷子皮，经商致富，号陶朱公，为后世商人的楷模。

☆"卧薪尝胆"的由来

卧薪尝胆讲的是中国春秋末期，越王勾践发愤图强、兴起灭吴、报仇雪恨的故事。

吴国和越国是春秋后期在长江下游崛起的两个国家。两国争夺霸权，发生了多次战争，双方互有胜负。吴王阖闾在今浙江嘉兴南之战中丧命。公元前494年，吴王夫差大举进攻越国，为战死的父亲阖闾报仇。双方在夫椒(今江苏太湖洞庭山)会战，吴军击败越军，并一直打进越国境内，包围了越都会稽。越王勾践只剩下5000名士兵，无力反击，为了免于亡国，派人向吴王夫差请罪投降，表示他和夫人愿做吴王的臣仆和奴妾。夫差打败了越国，以为已为父亲报了仇，就骄傲起来，不听谋臣关于灭掉越国以除后患的建议，答应了勾践的请求。

勾践在吴国当臣仆3年，住囚室，服劳役，替吴王驾车养马，受尽屈辱。但是，他并没有气馁，而是发愤图强，立志报仇。据说，勾践被释放回国后，他晚上睡在稻草上，把戈(兵器)当作枕头，并在房间里挂了一只苦胆，每天出入坐卧都要看看它，吃饭之前先要尝尝它的苦味。他还经常提醒自己："汝忘会稽之耻耶?"以此激励自己要报仇雪耻。勾践亲自下田耕种，夫人带头纺织，减轻赋税，鼓励发展生产。勾践还大力训练军队，培养士卒的斗志。

经过"十年生聚，十年教训"，越国积聚了雄厚的力量，终于转弱为强，灭掉了吴国。勾践成为春秋时期最后一个霸主。

☆商鞅立杆 信赏必罚

商鞅是战国中期卫国人,姓公孙,名鞅。秦孝公时被封在商地,所以历史上称他为商鞅。

商鞅像

公元前361年,秦国的新君秦孝公即位,他为了把国家治理好,网罗天下人才,就发布了一道命令,只要有贤人能想办法使秦国富强起来,不管他是秦国人还是别的国家的人,都封他做大官。

秦孝公的这一召令,吸引了不少有才干的人,在卫国并未得到重用的商鞅到了秦国,通过宠臣景监见到了秦孝公。商鞅初次见到秦孝公,他谈了好久,却得不到赏识。后来商鞅不断地进说,才逐渐使秦孝公相信商鞅的学说,并任他为左庶长,责成商鞅制定变法的命令。

命令制定好以后尚未公布,商鞅怕老百姓对新法不相信,就叫人在国都的南门外竖立了3丈长的一根木头,布告老百姓说:有谁能把这根木头移到北门去,就赏给他10两金子。一时间,城南门聚集了很多人,大家议论纷纷。老百姓大概不相信钱会这么好赚,所以没有一个人来搬。

商鞅见无人敢搬,又说:"能够搬移的,奖给他50两金子。"这时人群中有一个人大概是抱着试试看的心理,把木头搬到了北门,商鞅马上赏给这个人50两金子,以表示不欺骗老百姓,取信于民。在取得群众的信任之后,商鞅公布了新法。

这则故事,一直被后世传为佳话,唐代著名文学家刘禹锡还以此为题材作诗颂扬过商鞅。商鞅以奖励农耕、富国强兵为基本政策的变法之所以会取得成效,与他主张立法要公平,强调"信赏必罚",取信于民,很有关系。

在这方面,还有一件事值得一提。商

商鞅铜方升

铜方升是战国时期秦国商鞅监制的铜量器,该器铸有铭文,左壁刻,"十八年,齐运(率)卿大夫众来聘,冬十二月乙酉,大良造鞅,爰积十六尊(寸)五分尊(寸)壹为升"。铭文中的"十八年"是指秦孝公十八年(前344)。此器不但有明确纪年,又为商鞅监制,是中国度量衡史上不可多得的珍品。

鞅取消贵族"刑不上大夫"的特权,规定不论平民、贵族,有功则赏,有罪则罚。当时很多人都不相信。有一次,秦国的太子犯了法,人们都拭目以待,看商鞅怎么办。商鞅对秦孝公说:"国家的法令,人人都要遵守,如果上头的人不遵守而不受到处罚的话,下面的人对朝廷的人就不信任了。太子犯法,他的师傅应当受罚。"于是,商鞅坚持"刑其傅公子虔,黥其师公孙贾",即拿太子的师傅公子虔和公孙贾开刀,一个割掉了鼻子,一个在脸上刺字。在那种情况下,已是很不容易了。正因为商鞅坚持"信赏必罚",一些贵族、大臣都不敢反对新法了。因此,在他颁布变法措施后,"秦人皆趋令。行之十年,秦民大悦,道不拾遗,山无盗贼,家给人足。"

☆ 孙膑减灶灭庞涓

公元前342年,魏国以强欺弱,妄图称霸,发兵攻打韩国。当时,韩国是个弱小国家,敌不过实力雄厚的魏国,只得向齐国求救。齐宣王听了韩国的求救后,便立即派大将军田忌、孙膑二人率领大军去救韩国。足智多谋的军事家孙膑想出一条妙计,他率领的大军,没有去韩国助战,而是直接攻打魏国。

魏国攻打韩国的军队,由大将庞涓带领,已打进韩国,庞涓立足未稳,就接到国王的急令,要他立即带兵回国,抵抗田忌和

孙膑像

孙膑。庞涓便迅速调转头,又日夜兼程赶回魏国。

庞涓赶回后,侦察了一下齐军的军情,发现齐军已在魏国边境上安营扎寨,占了很大一片土地,到处是齐军的做饭炉灶,大概统计一下,足够10万士兵吃饭,庞涓吓得直打哆嗦,不敢轻举妄动。

孙膑得知庞涓率领的人马从韩国赶回,又刺探过齐军的军情,便故意后退。第二天,庞涓带领大军赶到齐军扎营的地方,数了数炉灶,只能供5万人马吃饭了。

第三天,齐军又后退,庞涓再次追赶,他们追到齐军扎营的地方,仔细数了数炉灶,只可供3万人马吃饭了。庞涓这才松了口气,十分欣喜地说:"我早就知道齐军胆小如鼠,不敢与我交战。我10万魏军才赶回三天,齐军倒逃跑大半。"

庞涓麻痹轻敌,只带领一支精兵,连夜追击齐军。一直追到马陵(今河北大名县东南)时,天色渐渐黑下来了。

孙膑根据庞涓的追赶速度,判定魏军在天黑之后进入马陵。于是,将弓弩手

宴乐铜壶

　　四川成都出土，战国青铜盛水或盛酒器。圆形盖上有三个鸭形钮。壶身遍饰错红铜（"错"本意指金或铜镶嵌在器物上）的图案花纹和内容丰富的图象，内容有宴饮、歌舞、射箭、水战、狩猎、采桑等。

数万人埋伏在马陵道两旁，随时准备歼灭魏军。

　　庞涓的军队追到马陵道上，忽然，前面士兵报告说："大将军，前面山道都给树干挡住了！"庞涓上前一看，果然路两旁的大树全被砍倒了，横七竖八地堆在路上，路边只留下一棵大树没有砍，不过树皮已被剥光，上面隐约写着一行字，庞涓连忙叫兵士点火，趁着火光，只见那白白的树干上写的是："庞涓死于此树下。"

　　庞涓大吃一惊，知道上了当，连忙下令撤退。这时，齐军一起向魏军放箭，一时间万箭齐射，杀声震天，魏军被全部歼灭。

　　原来，这是孙膑设下的巧计，他故意天天减灶来使庞涓麻痹轻敌，引诱魏军追赶，又设下埋伏圈，只待大树下火光一亮，就开始反击。最后，庞涓走投无路，拔出剑来自刎了。

☆田单的"火牛阵"

　　田单原来是齐国的一个小官，他是个有声望的爱国者，因为深通兵法很会打仗，大伙一致推选他当了大将。当时齐国和燕国正在打仗，燕国大军包围了即墨城，形势危急。为了稳定军心，田单利用当时人们对上天的迷信心理，编了一套梦话："老天爷跟我说，要派一个神师来帮助我。"大家听了很高兴。田单也就乘机找来一个机灵的小兵装神弄鬼，而他自己就部署起作战方案来了。他派人到燕国军营里散布各种流言，弄得燕军士兵人心惶惶，士气动摇。他又派人假称要投降，燕军深信不疑，因此战备松懈，兵无斗志。

　　田单趁此机会加紧了反攻部署。他下令把全城的牛都集中起来，给每头牛的犄角上绑上锋利的尖刀，身上披着有五颜六色的图案的褂子，牛尾巴上绑了一捆浸满油的芦苇。在一个晚上，田单命令士兵把牛偷偷赶出去，把牛尾巴上的芦苇点着。

一车四马的战国战车复原模型

芦苇一着火烧着牛尾巴,牛又惊又跳,没命地往燕军营狂奔过去。燕军将士还没弄清怎么回事,火牛已经冲进来了。这群火牛,撞着人死,碰着物件起火,再加上田单带领士兵在后头追杀,很快他们就把敌人全赶出了国门,收复了失地。就这样,齐国在濒于灭亡的当口,又转危为安了。这就是田单的著名战例——火牛阵。

屈原像

☆ 屈原行吟沉江

战国末期,楚国和秦国交战,楚国屡战屡败,失地折兵,国力大大削弱了。

秦国为了及早吞并楚国,同楚国内部的亲秦派暗中勾结,玩弄了联姻的花招。秦昭王装出很客气的样子,写信给楚怀王,约到武关会盟,只要楚怀王答应两国联姻,就可言归于好。

楚怀王接到信后,既怕秦国,又觉得秦人可亲,幻想秦楚亲善,他把以往破城失地的可怖可恨的景象忘却了,打算赴约。这时屈原只是一个三闾大夫,久已失去过问朝政的权力,他见怀王要去秦国,不得不站出来,谏阻怀王:"秦国如虎狼一般,这次邀请大王,一定不怀好心,大王不宜前往。"

可是楚怀王的小儿子子兰怕激怒秦人,失掉亲善的机会,竭力怂恿楚怀王答应秦人的要求。

楚怀王听信了子兰的话,离楚赴秦。楚怀王一进武关,秦国伏兵立即封锁了关口,断了楚怀王归国的后路,把楚怀王作为人质,要求楚国割让土地。楚怀王到这时方知秦人确是虎狼,他拒绝秦的要求,又冒险逃走,但仍旧落入秦人手中,后病死在秦国。

公元前298年,楚怀王之子顷襄王即位,其弟子兰为令尹,后又娶秦王女,媚敌忘仇,完全屈从于秦国。屈原与蔽君误国的亲秦派保守贵族集团的斗争更加激烈了。亲秦派为了彻底扫除障碍,便多次在顷襄王面前诬告屈原,说他的坏话,顷襄王听了勃然大怒,把屈原革职流放出去。

屈原在流放的日子里,穿着宽大的衣服,戴着高高的帽子,佩一把闪亮的长剑,终日在洞庭湖滨徘徊吟咏。虽然他形神憔悴,但那双锐利的眼睛,仍然炯炯有神,他忧虑着濒临灭亡的楚国,一边望着北方的国都——郢都,一边不断地吟咏出感情炽烈的诗句,歌颂祖国美好的河山与悠久的历史,揭露贵族统治集团的污浊与黑暗,担忧祖国的命运,倾吐心中的不平。

一天,面色憔悴、形容枯槁的屈原来到汨罗江畔,他嘴唇蠕动着,悲怆地吟咏着诗句,用以抒发他忧国忧民之思。

屈原流放到这里,是家喻户晓的事了,不少人都认识他。

这时,江边有一个渔夫,见到屈原便说:"您不就是朝廷的三闾大夫吗?怎么落到这种地步呢?"

屈原愤愤不平地说:"因为举世都混浊,只有我才清白,大家都喝醉了酒,唯有我才清醒,我就被流放到这儿来了。"

渔夫不以为然地说:"既然举世都混浊,你为什么不顺着浊流而推波助澜呢?大家都喝醉了酒,那你何以独自清醒呢?世道既已如此,何必一人与众不同而致使自己被放逐呢?"

听到这里,屈原的脸色沉下来,他反诘道:"我听说过,刚刚洗过头的人,要弹去帽子上的灰尘,刚刚洗过澡的人,一定要把衣服抖抖。我宁愿投入大江,葬身鱼腹,也

绝不容忍那混浊的世道污染了我。"

屈原说完,昂首而去。他回到自己的破屋里,写下他的绝命词《怀沙》。然后来到汨罗江边,抱着一块大石头,再一次向郢都的方向凝望,然后向激流中跳去。

伟大的爱国诗人屈原,就这样结束了他光辉的一生,这天是公元前278年五月初五。

☆ 千古一帝

统一之前的各国文字对比

从公元前230年到公元前221年,十年之间,秦始皇用兵先后消灭了割据称雄的六国,建立了我国历史上第一个统一的中央集权的封建国家,结束了几百年来诸侯割据的局面。这是他的一大历史功绩。秦王朝建立后,秦始皇实行了一系列的举措。在全国实行郡县制,将全部国土分为三十六郡,郡下设县。确定国家一切重大事务由皇帝决定,朝廷和地方的重要官员

错金鄂君启铜节

战国楚水陆交通运输凭证 1957年安徽省寿县城东丘家花园出土。

秦始皇像

由皇帝直接任免；废除六国原有的法令法规，统一法律；拆毁各诸侯国原来的城防工事，修建道路，不仅方便了交通，而且加强了中原地区与西南的联系。战国时，各诸侯国言语异音，文字异形，秦始皇采纳李斯的意见，将秦国原来使用的篆书稍加简化，作为正字，同时淘汰通行于其他地区的异体字。这种经过简化的篆书就是小篆，是我国第一种规范化的字体。此外，他还采用铜钱作为全国统一的货币，对度量衡也作了统一的规定。所有这些举措的实施，大大推动了社会经济、文化的发展。秦始

秦半两钱

皇这些作为都是前无古人的，因此，后人称他为"千古一帝"。

统一货币和度量衡

始皇二十六年（前221），秦始皇下令废除六国旧货币，制定新的统一的货币。新币分为二等，黄金为上币，以镒（重二十四两）为名；铜钱为下币，圆形，中有方孔，面文有两字，曰"半两，重如其文。"自秦朝至清朝末年，此种币制形式一直被采用。秦始皇还下令废除六国旧的度量衡制度，以原秦国的度量衡制为基础，向全国颁行新的统一的度量衡制度及标准器。

☆ 荆轲刺秦王

战国末期，秦国妄图吞并诸国，称霸天下。

秦王派大将王翦灭掉赵国以后，又继续向北进军，攻打燕国。燕国是个弱小国家，敌不过强大的秦国。当时，燕国的太子丹眼看自己的国家遭受秦国的侵略，心里非常着急。于是，太子丹就物色到一位很有本领的勇士荆轲，以燕国使者身份去见秦王，想刺杀秦王。

荆轲接到命令后，对太子丹说："要想刺杀秦王，得先接近秦王，让他相信我是去求和的才行。"太子丹一时想不出好主意

来，问道："勇士有何高见？请讲！"荆轲说："听说秦王早就想得到燕国最富饶的土地督亢(今河北涿县一带)，我要是带着督亢地图，另外再带上秦王正悬赏通缉流亡在燕国的大将军樊于期的头颅，去献给秦王，他一定很喜欢，也许能当面会见我的。"太子丹一听，觉得主意很不错。于是，便按照荆轲的办法去做了。

公元前227年，荆轲和他的副手秦舞阳带上督亢地图和樊于期的头颅，作为燕国的使臣来到咸阳，觐见秦王。

秦王听说燕国使者要献上督亢地图和樊于期的头颅，高兴得眉飞色舞，在咸阳宫举行隆重的仪式接见了荆轲。

这一天，荆轲捧着樊于期的头颅盒子，秦舞阳捧着督亢地图，一步一步地朝堂上走去。秦舞阳见两边站满了文武百官，又见百官那威严的样子，不由得害怕起来，浑身颤抖着。秦王的左右大臣一见秦舞阳那模样，吆喝了一声："使者为何脸变了色？"

荆轲回头一看，见秦舞阳脸色苍白，怕

"牢阳司寇"铜印

印章始于殷商，至战国秦汉时期大量出现。印章有阴文和阳文之分，印出的字迹与其印文相反。印章和印刷有密切的关系，也可说是印刷的雏形。一个印章便是一块小雕版，一个字的印章就是一个活字。我国印刷术的发明就是在印章的基础上发展起来的。

露出破绽来，连忙对秦王说："大王，他是个粗鲁之人，从没见过这样大的世面和大王的威严，免不了有点害怕，请大王莫见怪。"

秦王起了戒心，便命秦舞阳将地图交给荆轲后退下，让荆轲一个人上来。

荆轲上了堂，献上地图和木匣，秦王叫荆轲打开木匣一看，果然是樊于期的头颅。接着又叫荆轲打开地图，一个地方一个地方地指给秦王看。

等到地图全部打开后，荆轲预先卷在地图里的匕首就露出来了。秦王一见，吓得跳了起来。荆轲连忙抓起匕首，左手拉住秦王的袖子，将匕首朝秦王胸口刺去。秦王使劲一转身，袖子被割断了，他绕过屏风，想朝外跑，荆轲拿着匕首又追了上来，秦王知道跑不了，便绕着朝堂上的铜柱打转，躲避荆轲。

两边的文武百官知道出了事，但手无

荆轲刺秦王

寸铁无力帮助,而台阶下的武士虽有兵器在手,但按秦国的规矩,没有命令不准上殿。这时的秦王虽然腰佩宝剑,可连拔剑的工夫都没有,只顾躲避。

在这紧急关头,大殿上一名伺候秦王的随身医生急中生智,抓起装药的罐子,朝荆轲扔去,荆轲手一挥,药罐摔了个粉碎。

就在这一刹那,秦王拔出了宝剑,一剑就砍断了荆轲的左腿。荆轲倒在地上,将手里的匕首朝秦王扔去,秦王将身子一闪,那匕首从他腮边飞过,打在铜柱上,直冒火星。

秦王见荆轲手里没有了武器,又倒在地上,便上前向荆轲连砍几剑,杀死了荆轲。台下的秦舞阳也早已被武士们杀了。

☆ 秦始皇焚书坑儒

战国时期,由于社会关系发生激烈变动,学术界呈现出一种学派林立、百家争鸣的新气象。到了末年,诸国由分裂归于统一。秦始皇统一六国之后,运用封建国家的权力,强制推行思想文化的统治政策。焚书坑儒就是在这样的历史背景下发生的。

秦朝确立了专制主义中央集权的封建行政体制后,一些儒生和游士针对时政,引证《诗》《书》和诸子百家的话,以古非今,"入则心非,出则巷议"。秦始皇三十四年(前212),丞相李斯为杜绝"诸生不师今

李斯像

而学古,以非当世,惑乱黔首"的现象,提出"焚书"的建议,得到秦始皇的认可。当时所焚之书包括两部分:一是统一前的列国史记,二是百姓私藏的《诗》《书》和百家语。至于秦国的史书、博士官收藏的图书和百姓家藏的医药、卜筮、种树等技艺之书,则不在此列。所禁书籍都必须在30天之内上交地方官府焚毁。

焚书的次年,又发生了坑儒事件。秦始皇晚年为求长生不老,寄希望于方士寻觅仙药,因此,方士侯生、卢生等很受宠幸。后来,侯生、卢生无法继续行骗,便以始皇贪于权势、不可为求仙药为由,相约逃亡。秦始皇闻讯大怒,认为儒生多以妖言惑乱黔首,于是下令御史案问诸生。受株连的儒生达460余人,最后都被活埋于咸阳。

坑儒的事件发生之后,连秦始皇的长子扶苏也觉得过于残忍,就对秦始皇说:天下初定,百姓尚不得安宁,这样做恐怕会引

起骚动。秦始皇听了,反而把扶苏贬到上郡去监督蒙恬的军队。坑儒激起了儒生的普遍反抗。

☆ 指鹿为马

公元前208年,赵高掌握了朝政大权,利用秦二世胡亥杀死丞相李斯,自己当上了丞相。从此,赵高更加野心勃勃,妄图篡夺皇位。

赵高做了丞相,把持着朝廷大权,他专干不得人心的事,朝中大大小小的官员都对他很不满,然而他大权在手,官员们敢怒而不敢言。

一天,赵高闷闷不乐,正在苦思篡权做皇帝的事情。他知道篡夺皇位是件不容易的事,即使当上了皇帝,朝中文武百官能否顺从?经过一番苦思,赵高想出一条奸计来。

一次,赵高趁胡亥正在上朝时,牵着一头鹿来到殿上,故意对胡亥说:"皇上,臣献给你一匹好马。"胡亥一见笑着说:"你错了,这是一头鹿,怎说是一匹马呢?"赵高把脸一沉,然后奸笑了一声说道:"皇上,这是一匹马,不信你问左右群臣。"在场的文武百官都默不作声,深怕说出实话来得罪了赵高,要遭杀身之祸。

隔了好一会儿都没有人作声,赵高有点耐不住了,他为了在皇上和众大臣面前显示自己的权势,点出几个亲信来回答,都一致说是马。这时,群臣也有几个官员实在忍不住了,难以忍受赵高丧心病狂、颠倒黑白的行为,他们说:"这明明是一头鹿,怎么故意说成一匹马呢?!"可是,退朝后,这几个说鹿的官员,都被赵高杀害了。从此以后,朝廷中再也没有人敢说实话了。不久,赵高迫不及待地要篡夺皇位,便派人去刺杀胡亥。胡亥连忙下令左右保驾,可是,大臣们都躲在一边,不敢上前,仅有一人跟在胡亥身边。胡亥对这个大臣说:"赵高的阴谋你为何不及早告诉我,不然我也不会是这样的结局。"大臣说:"要是早告诉你,我不是早被赵高杀了吗?哪能活到现在呢?"

赵高指鹿为马,欺君欺臣,真是荒谬绝伦、飞扬跋扈到了极点。

赵高指鹿为马

☆西汉开国皇帝——刘邦

刘邦像

西汉开国皇帝刘邦（前256～前195），原名季，又叫"刘老三"。做皇帝后，改名刘邦。他祖籍泗水郡沛县丰邑（今江苏沛县）。父亲刘太公是个地道的农民，母亲刘媪也只是个家庭主妇。刘太公不喜欢刘邦，认为他整日游手好闲，好吃懒做，不务正业，是个不成器的家伙。刘邦对父亲也很不满，因此父子关系一直不好。后来项羽以杀刘太公威胁刘邦时，刘邦全然不顾父子之情，并要求项羽分一块刘太公的肉羹给他，父子关系不好由此可窥见一斑。后来，刘邦做了皇帝，也常用当年刘太公讥讽他的话来嘲笑太公，使其难堪。尽管刘邦出身寒门，而且家乡人多看不起，但他却自幼胸怀锦绣，壮志凌云，一心想成为一代伟人，建立像秦始皇一样的功业。30岁后，刘邦当了秦朝沛县的乡村小吏泗水亭长

（相当于现代村治安主任）。他多次到咸阳服役，看到秦始皇出巡场面，叹息道："嗟乎！大丈夫当如是也！"

秦末，秦始皇施暴政于天下，天下人心思叛，整个社会处于一种危机状态之中。刘邦率逃役农民，隐居芒、砀（今安徽砀山东南）。公元前209年，陈胜、吴广起义，刘邦与沛县的牢头萧何等人里应外合，杀了沛县县令，起兵响应，转战丰、沛，被立为沛公。次年，他约法三章，率兵西进，所带军队纪律严明，所过之地秋毫无犯。前206年，他率先入关（此处的"关"指函谷关，位于河南省灵宝市东北，是进入关中的战略要地），推翻了秦朝。接着，项羽入关，刘邦在鸿门宴上委曲求全。项羽自称西楚霸王，分封了18个王国。刘邦被封为汉王，占有巴蜀（今四川和重庆）和汉中。这年8月，刘邦明修栈道，暗渡陈仓，还定关中，

鸿门宴遗址

出关与项羽展开了历时4年的楚汉战争，大战70次，小战40次。公元前202年，刘邦在垓下（今安徽灵璧西）与项羽决战，项羽"霸王别姬"，于乌江自刎。这年2月，刘邦即皇帝位，定都洛阳（后迁长安），创立了汉朝，史称西汉或前汉。

项羽像

☆西楚霸王项羽

项羽，下相（今江苏宿迁西南）人，名籍，字羽。他的祖父项燕是战国末年楚国名将，为秦将王翦所杀。项羽的叔父项梁有一次杀了人，与他躲避到吴中一带。当地逢有大徭役和丧事，项梁经常主持其事，暗中以兵法组织训练宾客子弟。

项羽力能扛鼎，少年时学习诗书和剑术，都无所成就，项梁很生气，可项羽却说："书足以记名姓而已。剑一人敌，不足学，学万人敌。"项梁教他兵法，他略知大意，又不肯学了。但项羽豪气过人，秦始皇东游会稽时，他在路旁观看，曾对项梁说："彼可取而代之。"

秦二世元年（前209），陈胜、吴广在大泽乡领导反秦起义，建立张楚政权。原六国贵族闻讯后也纷纷起兵，同年六月，项梁召集起义将领计议后，立楚怀王的孙子心为王，仍称楚怀王。项梁自号武信君。之后，项梁率义军大破秦军于东河。不久，由于项梁骄傲轻敌，被秦将章邯乘隙袭破，项梁阵亡。怀王即命项羽为上将军，统率全军救赵。项羽派当阳君、蒲将军率兵两万迅速渡过漳河，以解巨鹿之围，随即亲自率全军渡河，破釜沉舟，进击秦军。双方经9次激战，楚兵大破秦军，秦将王离被俘，涉间自杀。当楚军救赵时，诸侯军皆作壁上观。战事结束后，诸侯来谒见项羽，都膝行而前，不敢仰视他。从此，各路诸侯军都听从项羽指挥。接着，项羽在汉水上又大破秦军，并利用秦统治集团内部矛盾招降章邯。他怕秦降卒不服，在新安城南将降卒20万全部坑杀。

当项羽率军进入关中时，刘邦已先期进据咸阳。由于楚怀王有约在先，"先入关者王"，刘邦理应称王关中。项羽入关后，依恃手中40万大军，企图消灭刘邦，独霸天下，因刘邦卑辞言和，双方暂时和解。项羽随即引兵屠杀咸阳城，诛秦将王子婴，火烧秦宫室，掳掠宝货和美女东归，让秦地人民大失所望。

汉元年（前206），项羽立怀王为义帝，

给画作品中项羽的宠妃虞姬

又分封诸侯,自立为西楚霸王,据有梁、楚地九郡,封刘邦为汉王。不久,田荣、陈余、彭越等相继举兵反楚。刘邦也乘势进逼,于是爆发了历时4年多的楚汉战争。

☆ 楚河汉界

中国象棋两军对垒的中央有一条"楚河汉界",这是比拟历史上的"楚汉相争"。那么,"楚河汉界"现在究竟在哪里呢?

根据史料考证,河南省荥阳成皋一带,是真正的"楚河汉界"。他北临黄河,西依邙山,东连平原,南接嵩山。

公元前205年至公元前203年,楚霸王项羽与汉王刘邦在荥阳成皋一带短兵相接,不久,汉军夺取成皋,乘胜推进到广武(山名,今河南荥阳市东北),楚汉两军隔着一条广武涧对峙起来。

日子一久,楚军粮食缺乏,既不能进,又不能退,白白地消耗了粮食。项羽没法子,就把汉王的父亲绑了起来,放在宰猪的案板上,派人大声吆喝:"刘邦还不快投降,否则就把你父亲宰了。"

刘邦知道项羽吓唬他,便大声答话:"我跟你曾经结为兄弟,我的父亲就是你的父亲。你要是把父亲杀了煮成肉羹,请分给我一杯尝尝。""分一杯羹"的说法就是从这里来的。

项羽听了刘邦的话,也没有什么办法。不久,汉将彭越攻占了昌邑等20多个城池,截断了楚军的运粮道。楚军粮草越来越少。在刘邦的攻势下,项羽被迫提出了"中分天下,割鸿沟以西为汉,以东为楚"的要求。从此就有了"楚河汉界"之说。如今在荥阳城东北的广武山上,还留有两座遥遥相对的古城遗址,西边的叫汉王城,东边的叫霸王城,传说就是当年刘邦、项羽所筑。两城之间有一条宽300米的大沟,便是"鸿沟"。

广武涧

河南郑州西北部的广武涧,曾是刘邦与项羽争霸对峙的地方。

☆一代医圣张仲景

东汉时期的名医张仲景,是我国古代医药史上最杰出的人物之一,被后人称为"一代医圣"。张仲景(约150～219),东汉南阳郡(今河南南阳)人。当时社会政治腐败,军阀混战不休,瘟疫流行,张仲景全族200余人,竟有百余人死于伤寒。这种残酷的打击使张仲景改变了从政的志向,他毅然辞去长沙太守的官职,追随名医,刻苦学习。

当时,伤寒病是流行最广的一种疾病。一旦染上这种疾病,存活的希望非常渺茫。张仲景在吸取前人宝贵知识的基础上,不断搜集民间各种药方,加以整理、比较,再通过临床检验,完成了16卷巨著《伤寒杂病论》的创作。在这部书中,他用唯物主义的观点解释了伤寒病产生的原因,他认为一切外感病都可以称为伤寒病,而

张仲景雕像坐落于
河北安国药王庙

伤寒病又归为几种类型,要通过"切、望、闻、问"的四种诊断方式对病的性质、程度作出诊断,然后采取"随症治疗"的方法,即针对不同的病情采取不同的治疗原则。他经过长时间的实践,创立了汗、吐、下、和、温、坠、补、消八种治疗方法,为中医学奠定了基础。

张仲景还精心研究药学,被后人称为方剂学之祖。他在前人处方的基础上能够大胆创新,改进药物剂型,扩大药物使用范围,除了传统的汤药外,还制成丸、散、膏、栓、酒、熏等剂,使中药类型多样化,使我国传统医药学达到前所未有的发展水平。张仲景还提出"治未病",即防病于先的医学思想。他认为人体健康与能否适应外界环境有很大关系,强调加强锻炼,注意饮食卫生、保持良好生活习惯就能预防疾病。

河南南阳市张仲景祠

而一旦生病,应立即诊治。

张仲景的医学实践和理论,是中国古代医学史上的里程碑。他的《伤寒杂病论》,是一部理、法、方、药兼备的医学名著,在中国医药学史上占有特殊地位,不仅至今对医学发展仍有重大意义,而且对世界医药学特别是周边国家医药学发展产生了重大影响,为中国传统医药学在世界医药学界争得了荣誉。

蔡邕

东汉名士蔡邕(133~192),灵帝时因上书议论朝政被流放,亡命江湖十余年;董卓专权时官至左中郎将,董卓被诛后又沦于狱中。

☆ 文姬归汉

"文姬归汉"是中国历史上很有名的一段故事。今人根据这段故事,拍成了精彩的电影,又改编出戏剧,有的画家还以此为题,将故事情节画在了纸上。那么,"文姬归汉"为何如此有名?它讲述的又是哪一段历史故事呢?

蔡文姬生活在距今约1800年的东汉末期,是中国历史上有名的才女。蔡文姬出生在一个很幸福的家庭里,她的父亲蔡邕是当时有名的大学者。受父亲的影响,蔡文姬从小就开始读书、学习音乐。长大后,蔡文姬不仅能够写很精彩的诗歌,而且还很精通音乐。

东汉末期,战乱较多,人民生活在这样兵荒马乱的年代中,不仅生活艰难,而且时时面临着家破人亡的悲惨命运。

而这种不幸的命运也降临在了蔡文姬身上。有一天,蔡文姬家被乱军洗劫,家中的人都被无情地杀害了。目睹家人的惨状,文姬悲痛欲绝。她被乱军捆绑着,等待她的还不知是怎样的命运!

由于年轻貌美,文姬没有被杀,而是

文姬归汉图

被乱军劫持着,带到了很遥远、很荒凉的北方。当时,北方没有汉族人定居,生活在那儿的是被称为匈奴的少数民族。匈奴人靠游牧为生,他们无论在生活上还是在文化上,都比汉族落后许多。

蔡文姬被迫嫁给了一个匈奴人为妻,并生了两个孩子。虽然每天,蔡文姬听的都是匈奴语,穿的都是匈奴衣,可她的心里,却没有一刻不思念遥远的故乡。

蔡文姬在匈奴生活了整整12年。在这12年中,东汉的战乱已被曹操平息了。曹操和蔡文姬的父亲曾经是朋友。她听说了蔡文姬的悲惨遭遇后,就命人带着贵重的金璧来到匈奴,将蔡文姬赎回,使她重返故乡——汉朝。

在回汉朝的路途中,蔡文姬既欢喜又悲伤。她欢喜的是:终于能回到久别的故乡了,她悲伤的是:她不得不与自己的两个孩子永别。

蔡文姬虽然回到了汉朝,可她心灵经受的苦难和创伤,并没有消失,于是,文姬就把自己的遭遇,写成了一首名为《胡笳十八拍》的诗歌。这是一首非常感人的诗歌,一直流传至今!

文姬归汉图

☆妙手回春的华佗

我国的中医历史悠久,东汉末年的华佗就是古代一位杰出的医学家。他是安徽人,从小勤奋好学,学识渊博,特别爱好医学,精通内科、外科、妇产科、小儿科,尤

华佗像

其擅长做外科手术。华佗在民间行医,走遍了现在的江苏、山东、河南、安徽的许多地方,采用号脉和观察面容的方法诊断了很多危重病人,留下了许多医术高超、妙手回春的生动故事。

除了在内科诊断上医术高明外,华佗更大的贡献是在外科手术方面,他首创用全身麻醉的方法做外科手术。为了消除和减轻病人在做手术时的痛苦,他发明了名为"麻沸散"的麻醉剂,动手术前叫病人用酒冲服,等病人失去知觉,然后剖腹治疗,若是肿瘤就立即割去,若是病在肠胃,就断肠洗刷,然后缝合伤口,敷上药膏,四五天后开刀处即可愈合，再过一个多月，就会完全康复。华佗是世界上最早使用全身麻醉的医生。

华佗学问大，医术高，又很有骨气。朝廷要他去做官，他厌恶官场的污浊风气，还是愿意在民间行医，为乡亲治病。曹操看中他的医术，要留他在身边专门为他自己治病，华佗不愿意只侍候他一个人，就推说妻子有病，回到了家里。不久，曹操竟将他投进监狱，把他杀害了。

☆ 魏晋人谈玄

整个魏晋南北朝时期，民族矛盾、阶级矛盾交织，政治动荡，朝臣们朝不保夕，文士对功名利禄避之不迭。清谈，作为一种远离时务、"谈尚玄远"的风气盛行起来。他们认为，躲避政治陷害的最好办法是少讲话、不讲话，或者讲一些无关痛痒的废话和模棱两可的"玄言"。司马昭称阮籍为天下第一谨慎之人，他每次谈话，都言语玄远，从不评论时事，臧否人物。嵇康讲话也意在言中但不留下任何把柄，以此作为全身之道。尽管如此，也难免被猜疑，因而名士们还以酒和药作为护身符，服寒食散和借酒浇愁成为一种时尚。这种怪诞放达行为的思想和理论依据乃是来源于老庄的自然无为思想。在这一时期，清谈融入了《老子》《庄子》《周易》。郭象以后，玄学清谈又与佛学合流，影响了整个两晋及南北朝佛教思想的发展。

阮籍像

☆ 法显西天取经

提起西天取经，人们马上就会想到唐朝的僧人玄奘，也就是《西游记》里描写的那个唐僧。其实，在玄奘西天取经之前，我国就有一位僧人到过印度，他就是晋代的法显长老。

法显原姓龚，3岁就到寺庙当了小沙弥，20岁正式受戒做了和尚。随着佛教在我国的传播，许多僧人都希望到印度去拜访著名的佛学大师，瞻仰佛祖释迦牟尼的圣地，寻求佛经原本，传播佛教的教义，法显和尚就是其中之一。

公元399年，已是62岁高龄的法显和另外9名僧人开始了西天取经之行。他们

《佛国记》书影

横穿塔克拉玛干大沙漠,翻越帕米尔高原,跋涉万里,终于在两年后,来到了奔腾咆哮的印度河边。这以后的10余年时间里,他又不知疲倦地旅行在南亚次大陆的土地上,足迹遍及今天的巴基斯坦、阿富汗、印度以及印度洋上美丽的岛国斯里兰卡,直到公元412年才返回祖国。

法显是我国古代从陆路到印度旅行,

又绕道斯里兰卡,穿过印度洋和南海、东海、黄海,取道海路返回祖国的第一个人。在1600多年前交通极为不便的条件下,法显海陆兼程,往返于中国和印度诸国之间,这是很了不起的。他不畏劳苦,奔波于中印之间的探险生涯,鼓舞了后人,人们沿着法显的足迹,向西域挺进,玄奘就是一个最典型的例子。

☆大运河

我国的大运河,是公元7世纪初隋炀帝在位时开通的。运河长达四五千里,沟通了海河、黄河、淮河、长江、钱塘江五大河流,北起华北平原,南抵钱塘江边的杭州。其中有一些河段,是把以前各朝代挖掘的旧有渠道修

大运河无锡段

复、加深和拓宽,中间也利用了一些天然河流、湖泊相连接。当时,前后共约6年,动用民工100多万,才完成了这项在世界上都极为著名的伟大工程。

据说,隋炀帝因为怀恋南方的繁华,

法显著书图

大运河扬州段

向往江都(现在的江苏扬州)的美丽风光,想去巡游享乐,才开凿了这条运河。实际上,修筑这条贯通南北的交通大动脉,也是出于当时隋朝进一步控制新归顺的东南地区、巩固政治权力和发展经济的需要。

这项工程给当时的老百姓带来了沉重的负担和巨大的灾难,大量的民工惨死在工地上,千百万人妻离子散,家破人亡。不过,这条大运河修通以后,它对密切我国南北地区的联系,促进经济文化的交流和发展,维护和巩固祖国的统一,起到了很好的作用。

☆赵州桥

河北省的赵县在隋朝时候叫赵州。城南有条大河叫洨水。每逢雨季来临,水势凶猛,洨水便成了汹涌的洪流,两岸的百姓常为交通不便而发愁。

当时有一位杰出的工匠叫李春,他在洨水上带领人们修造了一座闻名于世的大石桥——赵州桥。

赵州桥是李春设计的。大桥是用石料拼砌成的拱桥,"拱"就是弯曲的梁,是指跨越河道的桥身。赵州桥造型优美,结构坚固,全长50多米,是当时世界上跨度最大的石拱桥。这座桥最大的特点是在拱桥两端的上方各有两个小拱,这4个小拱不但节约了石料,减轻了桥身的重量,而且在发大水的时候,可以从小拱排水,减轻洪水对桥身的冲击。在选择桥基、保护桥拱、加固桥身等方面,李春也采取了许多科学的巧妙的方法。因此,这座石桥虽然经过了1300多年的漫长岁月,如今仍坚固完好。

赵州桥是我国劳动人民智慧的结晶,是中华民族的骄傲。它不仅是我国一座著名的石拱桥,也是世界上保存至今的最古老的石桥。

赵州桥

☆武则天的墓碑

武则天像

武则天（624~705）是中国历史上唯一一位正统的女皇帝，也是继位年龄最大的皇帝（67岁即位），又是寿命最长的皇帝之一。唐高宗时为皇后（655~683）、唐中宗和唐睿宗时为皇太后（683~690），后自立为武周皇帝（690~705），改国号"唐"为"周"，定都洛阳，并号其为"神都"。史

称"武周"或"南周"，705年退位。武则天也是一位女诗人。

武则天死后，立了一块"无字碑"。一个迷信文字的女皇墓碑上却没有刻一个字。其说法有几种：第一种说法认为，武则天立无字碑是用以夸耀自己，表示功高德大非文字所能表达；第二种说法认为，武则天立无字碑是因为自知罪孽重大，感到还是不写碑文为好；第三种说法认为，武则天是一个有自知之明的人，立无字碑是聪明之举，功过是非让后人去评论，这是最好的办法。

☆玄奘西行

古典小说《西游记》里的唐僧，在历史上确有其人。但是，历史人物与小说中的人物是完全不同的。唐僧姓陈，名炜，生于公元600年。他15岁时做和尚，法名玄奘。玄奘走南闯北，向许多高僧学习佛教教义，发现他们的讲解出入较大，许多佛经当时还没有汉译本。他决心西行印度去学习佛教真谛，精读佛经原本。

公元627年，玄奘踏上西行征途，历尽千辛万苦，一年后到达北印度。玄奘在迦释弥罗国（今克什米尔）苦学两年，把佛教徒第四次结集的30万卷佛经全部读完，

无字碑

玄奘西行求法图

总共学完916万字的佛教典籍。两年后，玄奘开始旅行全印度，访问佛教古迹向名师学习。在伽耶城（今印度比哈尔邦）顶礼膜拜当年释迦牟尼曾经修道的一株古老的菩提树。最后，玄奘来到了印度的那烂陀寺。

那烂陀寺的长老是年高德劭的戒贤法师。在那烂陀寺学习的4000名和尚中，

西安玄奘墓塔

精通20部经律论的有1000人；精通30部经律论的有500人；精通50部经律论的，包括玄奘在内，只有10人。玄奘在那里被称为"三藏法师"，非常高贵。因为玄奘是中国唐朝人，所以又叫大唐三藏法师。公元641年，戒日王请那烂陀寺的高僧去参加辩论，戒贤法师派出了玄奘。结果玄奘大获全胜，名扬全印度。玄奘载誉归国时，带回佛经657部，佛的舍利（释迦牟尼的遗骨）150粒，释迦牟尼金质塑像一座，以及金质、银质佛像和花果种子。公元645年玄奘返回长安。唐太宗亲自在洛阳接见玄奘。玄奘不愿做官，决心把印度佛经译成汉文，并撰写了《大唐西域记》。公元664年2月，玄奘在紧张的翻译工作中猝然逝世。唐高宗悲痛地说："从此，僧侣们失去了导师，佛教中失去了栋梁，而朕失去了国宝！"玄奘的遗骨当时珍藏在樊州（西安）的佛塔里。

☆ 鉴真和尚

唐代的鉴真和尚（688～763），14岁出家，曾游历长安、洛阳等地，对佛经很有研究。26岁住持扬州大明寺，当时被誉为江淮佛教的首领。

中国那时是世界佛学中心之一。公元742年，日本天皇派佛界代表来到中国，要物色一名高僧去日本弘扬法事，传播佛教文化。他们钦佩鉴真学识渊博，就从长

鉴真漆像

安专程赶到扬州邀请他。当时,海上交通十分艰险,鉴真果断地说:"为了佛法,何惜生命!"但是,他去日本的计划,一次次地受阻了。有一次船出海不久即触礁损坏,只得返回;还有一次被官府扣留,未能成行……他第五次东渡时,遇上狂风恶浪,航向发生偏差,误入海流,竟被风浪卷到了海南岛附近。一路上淡水用尽,每天靠嚼几粒生米充饥。第五次东渡又未能成功。

不久,鉴真因患了眼疾而双目失明,但他仍不退缩,公元753年,他以66岁的

扬州大明寺鉴真纪念堂

高龄和双目失明的身躯,又开始第六次航行。他在海洋上与风浪搏斗一个多月,终于登上了日本的鹿儿岛,实现了他多年的愿望。

鉴真来到著名的奈良东大寺,为日本武圣天皇和孝谦天皇传授戒律,成为日本戒法的开山祖。鉴真为传播中国佛教思想、弘扬华夏文化艺术和促进中日两国的友谊,立下了不朽的功勋。

☆赵匡胤黄袍加身

河南封丘县东南陈桥镇,是赵匡胤发动兵变、黄袍加身的地方。赵匡胤跟随后周世宗柴荣作战有功,被授予殿前都点检,统帅禁军。公元599年,柴荣死后,其子柴宗训继位,年仅7岁,赵匡胤便乘机与胞弟赵光义等密谋夺权,派了不少游说之士,在开封城里传播"点检做天子"的舆论。公元960年初,辽与北汉合兵南侵,赵匡胤统军北上,行至陈桥驿,赵光义、赵普策动兵变,集结将士于军帐之外,声言要赵匡胤当皇帝。赵匡胤假装酒醉不醒,诸位将领拥进寝所,把一件黄袍加在他身上。众皆跪拜,高呼万岁,立为皇帝。

陈桥驿的"宋太祖黄袍加身殿"原为五代时的东岳庙,早毁,清代重建。大殿高14米,宽11米,雕梁画栋,红墙绿瓦,滚龙盘脊,金碧辉煌,雄伟壮观。

在大殿的前方约3米之处,有古槐一

赵匡胤像

棵,树围 5.4 米,相传赵匡胤曾在此系马,故名"系马槐"。树前有系马碑,右侧矗立一石碑,上书"宋太祖黄袍加身处"8个大字。大殿西北角,约距 8 米的地方有一口水井,相传是赵匡胤的将领们饮水之井。

现在,大殿已辟作展览室,里面悬挂宋太祖的画像,并有关于黄袍加身经过的介绍,院内的碑刻,拓印下来经托裱后也陈列在殿内,大门西侧的两块碑移置大殿右前方,与东边的"系马槐""宋太祖黄袍加身处"两道碑对称并列。这座中州大地的著名古迹得到了很好的保护。

封丘宋太祖黄袍加身处

☆ 澶渊之盟

北宋时候,在我国北方辽阔的土地上,同宋朝并立的还有少数民族契丹族建立的辽政权。

北宋前期,辽的力量逐渐强大。辽军常到黄河流域扰乱或掳掠。1004 年 1 月,

宋真宗像

辽军大举南下,萧太后率倾国之兵 20 万,以迅雷不及掩耳之势至澶州北城(今河南濮阳),矛头指向北宋都城东京(今河南开封)。当时东京与澶州仅一河之隔,形势对北宋十分不利,朝廷上下手足无措。为解燃眉之急,当时的皇帝宋真宗慌忙问计于群臣。大臣们有的主张迁都金陵,有的主张避难成都,独有宰相寇准等少数大臣主战。寇准说:"主张迁都的人,应当斩首。"他要求真宗御驾亲征。

在兵临城下,万般无奈的情况下,宋真宗才渡河亲征。途中,又有大臣劝阻,宋真宗有点动摇了。寇准说:"只可前进,不

寇准像

能后退，否则就会军心涣散。"这样，宋真宗不得不继续前进。前线的宋军将士看到皇帝亲征，都很感动，斗志十分旺盛，把几千个前来攻城的辽兵杀得一败涂地。初战告捷，大大鼓舞了宋军战士。他们射死了澶州城下察看地形的辽军先锋萧挞览，削减了辽军嚣张的气焰。

辽军士气开始低落。寇准力主乘势进军，收复失地。但宋真宗无心恋战，与辽议和。宋真宗派曹利用赴辽营谈判，条件是不准割地，岁币(北宋政府每年给辽、西夏的钱财等物)"百万之下皆可许"。寇准觉得岁币数太大，就对曹利用说："不得过30万，过30万，我斩了你。"结果谈判成功，达成协议：辽国皇帝称宋朝皇帝为兄，但"哥哥"每年必须给"弟弟"20万匹绸缎和10万两银子，辽军撤走。宋真宗为了求取苟安，不顾爱国将领的反对，签定了协议。这就是历史上的"澶渊之盟"。澶州附近有古湖曰澶渊，因此历史上把这次宋辽和议称为"澶渊之盟"。

北宋要给辽岁币，就得剥削人民，澶渊之盟加重了北宋人民的负担。

☆ 包青天

许多戏曲和影视故事中提到的"包青天"是历史上的一个清官。他姓包名拯，安徽合肥人，生于公元999年，28岁时考中进士，在地方上和朝廷里做过官。

包拯在做县官时，为人铁面无私，执法如山。有一回他的堂舅犯了法，包拯不殉私情，派人把他捉到官府，按照常例命令差役当众打了一顿板子。有些亲戚赶来求情，包拯说："不是我没有情义，谁叫他犯法呢！"

包拯到朝廷做官后，见有的皇亲国戚和有权有势的大官贪赃枉法，他便向皇帝直抒己见，直到朝廷将这些人罢官，他才罢休。遇到有老百姓的冤案，他总是深入调查，细细分析案情，替受冤屈者申冤报仇。人们感激他的公正执法，都尊敬地叫他

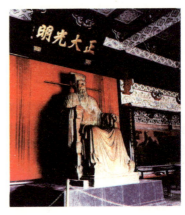

河南开封包公祠包公塑像

"包青天""青天大老爷"。

包拯执法如山，为官也清正廉洁，奉公守法。他虽然做了大官，生活依然十分俭朴，穿的、吃的、用的，还和从前一样，都是粗茶淡饭。长时期来，他受到人民的敬仰，民间流传着很多包拯的故事，使他成了一个传奇式的人物，大家都习惯称他"包公"，他的本名，倒很少被人提起了。

☆乌台诗案

北宋宰相王安石主张变法以后，苏轼对变法中的一些条款很不赞成，并作了指责。苏轼是一位伟大的诗人，写过许多诗词，其中有一首《咏桧》诗，诗中有这样两句：根到九泉无曲处，岁寒惟有蛰龙知。歌颂桧树的根能扎到九泉之下也不弯曲，地下的蛰龙是桧树的邻友和知音。可是却被指控为直刺皇上，图谋不轨。

苏轼像

当时的乌台司法官员认为，苏轼诗中说桧树根宁折不弯是明目张胆地与皇帝对抗，而且，皇帝是真龙天子，龙飞九天，而苏轼诗中却说下九泉找地下的蛰龙做知音，不更是抗拒皇上、大逆不道吗？

由于乌台官员的指控，苏轼被革职治罪，打入监狱。后来，神宗帝亲自阅案卷，觉得此案未免有些牵强附会。他说："诗人之词，安可如此论？彼自咏桧，何与朕事？"意思是苏轼写的咏桧诗，和我有什么关系？于是下令将苏轼免罪释放，贬谪黄州。

乌台诗案是宋神宗时代由于苏轼所作的诗而触发的一桩案件。可以说是中国历史上文字狱的开始。因为发生在乌台，所以称作"乌台诗案"。

☆千古奇冤——"莫须有"

抗金名将岳飞足智多谋，英勇善战，立下了许多战功，他率领的军队被称为"岳家军"。岳家军纪律严明，"冻死不拆屋，饿死不掳掠"。他们作战勇敢，金兵非常害怕，不得不发出"撼山易，撼岳家军难"的哀叹。

1140年，金的大将兀术带领主力骑兵南下，岳飞带兵从襄阳进驻郾城。两军在郾城展开激战。岳飞指挥部队，把金军打得人仰马翻，大败而逃。金兀术懊丧地说："战胜的希望没有了！"岳飞乘胜前进，他鼓励将士说："直捣黄龙府，与诸君痛饮耳！"被金兵占领的北宋国都汴梁也有望攻下。

但是，贪图享乐、昏庸无能的赵构在秦桧的唆使下，发出命令，要岳飞从前线撤兵，并接连发出12道催促退兵的紧急金牌，强令岳飞撤军。

岳飞撤军以后，金兀术自然十分高兴，但他怕岳飞再被起用，便派使者送密信给秦桧说："你天天向我们求和，但是留着岳飞，我们不放心。一定得想法子把他除掉。"秦桧接到金兀术密信后，就派他的心腹爪牙出面，罗织岳飞的罪状，诬陷岳飞谋反，不久就叫他的另一个爪牙张俊

杭州岳王庙岳飞坐像

把岳飞父子投进监狱。秦桧一伙用酷刑逼岳飞承认谋反，要他写供词，岳飞在纸上写下了光明磊落的八个大字："天日昭昭，天理昭昭。"

昏聩无能的宋高宗赵构听任秦桧一伙的摆布，把岳飞交由大理院审理，但审来审去，怎么也审不出岳飞一丁点儿"谋反"的罪证来。

这一件事非同小可，整个朝廷上下一片哗然，很多官员都知道岳飞冤枉，老将韩世忠忍不住亲自去找秦桧质问："凭什么说岳飞谋反，到底有什么证据？"秦桧理屈词穷，无言以对，于是就含糊其辞地说：虽证据不明，但谋反的事件"莫须有"（"也许有"的意思）。秦桧终于在1142年1月27日秘密地把岳飞杀害了。

岳飞被害后，秦桧与金人签订了卖国求荣的"绍兴和议"，南宋向金称臣，年年纳金，岁岁贡银，赵构当了金人的"儿皇帝"。秦桧集权势于一身，在南宋共当了19年宰相，于1155年死去，遭到后人的万世唾骂。

☆ "蟋蟀宰相"贾似道

南宋末年，出了个祸国殃民的"蟋蟀宰相"贾似道。

贾似道本来是个不务正业的人，后来他的姐姐有幸当上了皇上的贵妃，他也沾光做了官。做官后，贾似道整天正事不干，

一天到晚寻欢作乐。就是这么一个无赖，却步步高升，当上了宰相、知枢密院事，掌握了国家军政大权。

贾似道胡作非为，生活腐化，但皇帝软弱无能，不敢得罪他。这样一来，贾似道

福建龙海县宋南木棉庵

把朝廷搞得乌烟瘴气。至1270年，襄阳、樊城已经被蒙古军队围攻了3年，形势十分危急。贾似道向宋度宗封锁了消息，他跟没事似的，找来一帮赌徒，整天赌博。贾似道平时最爱玩蟋蟀，经常逼着百姓向他贡献上等的蟋蟀。他手下人如果听到谁家房屋墙脚下有蟋蟀叫声，就动手拆掉人家房子去捉蟋蟀，弄得百姓露宿街头。

　　蒙古军队终于打了过来，宋度宗在忧愁中死去了。贾似道因为隐匿军情，耽误国家大事而被郑虎臣击杀于福建木棉庵。

明代抗倭名将俞大猷所立木棉庵碑刻

功罪石

　　广东新会崖门艮州湖，有一块从水中挺拔而起的巨石，这就是有名的"功罪石"。

　　南宋祥兴二年(1279)，元兵穷追宋帝至新会崖山，年幼的宋帝走投无路，由丞相陆秀夫背负蹈海，殉难于这块巨石附近。当时率元兵的主帅是宋朝降将张弘范，他不知羞耻，竟在巨石上大书"镇国大将军张弘范灭宋于此"。历史功罪总是有人评说的，后来在这块巨石上出现了这样一首诗："沧海有幸留忠骨，顽石无辜记汉奸。功罪昔年曾倒置，是非终究在人间！"此后，许多爱国的诗人墨客都喜欢来此游览，题写爱国诗章。明代有一位不知名的文人在张弘范的石刻前头，加了一个"宋"字，这样，原来张弘范的石刻便变成"宋镇国大将军张弘范灭宋于此"，这位一字师只用一字，便把张弘范背主卖国的卑鄙嘴脸勾勒出来了。

☆一代天骄成吉思汗

　　1206年，45岁的铁木真召集蒙古各部落贵族，在斡难河源头隆重聚会，竖起九脚白旄旗，宣布大蒙古正式建立。铁木真被推举为蒙古的大汗。巫师阔阔出对铁木真说："如今称汗的各国君主都被你征服了，

成吉思汗像

几个世纪以来,蒙古各部落相互残杀,纷争不已。成吉思汗把数以百计的大小部落统一起来,建立了蒙古历史上第一个统一的国家,将语言、种族、文化各异的各部落结成了共同体。至此,一个有着共同语言、统一的蒙古民族终于形成,并在中国和世界舞台上发挥了巨大作用。

他们的领土都归你统治。所以你应该有'天下大汗'的尊号。承上天旨意,就称你为'成吉思汗'吧。""成吉思"的意思,一说是"天赐",一说是"海洋",即拥有四海的权力;还有的说,铁木真称汗时,有五色鸟在天空飞翔,并不停地叫着"成吉思、成吉思"。"汗"意即"主"或"大王"。

成吉思汗把全蒙古的百姓划分为95个千户,委任他的开国功臣和各部首领为千户那颜(统领),千户之下设百户、十户。凡15岁以上、70岁以下的男子都要统编为士兵,平时从事畜牧生产,战时跃马弯弓。千户制既是蒙古国的地方行政单位,又是军事单位,大大巩固了蒙古国家的统一。

成吉思汗使用过的马鞍

☆明太祖朱元璋

1368年,古城南京正进行着一场盛大的庆典,一位乞丐和尚登上了皇帝的宝座。他就是明朝的开国皇帝朱元璋。

朱元璋(1328~1398),安徽凤阳人,出生在一个贫困家庭,小时候为地主放过

朱元璋像

牛。后来他的父、兄等亲人相继死去,他便落发为僧,乞讨度日。又过了3年,郭子兴领导农民发动了起义,朱元璋便脱下袈裟,只身投靠起义军。由于他胆识过人,很

快在战场上崭露头角。

1355年，这是朱元璋走向胜利的关键一年。他率军横渡长江，向经济富庶的江南发展。由于他的将士多为江北人，依恋故乡，行军缓慢，朱元璋为了断其归乡之

马皇后

马皇后原为红巾军首领郭子兴养女，嫁与朱元璋后，使朱元璋有了靠山。

念，便斩断船缆，推船入江。将士们见无路可退，奋勇争先，一举攻下南京。元朝主将战死，余部纷纷投降。朱元璋以南京为基地，制订"高筑墙，广积粮，缓称王"的战略，扩大势力，站稳脚跟，建立了巩固的根据地。

1368年，决战开始了。朱元璋首先攻打华南地区的对手陈友谅，并公开宣布与红巾军决裂。他派人假惺惺地迎接红巾军的首领小明王韩林儿，趁其不备，将他沉入江底溺死。后又平定了势力强大的张士诚，打败了割据浙东的方国珍，再派兵南下消灭割据福建的陈友谅，最后收复了两广。

经过几次战役，朱元璋的实力变得强大起来，于是派徐达率25万大军北伐元大都北京。苦战8个月后，北京陷落，元顺帝只身逃跑，元朝自此灭亡。这样，朱元璋用了20多年时间，终于登上了大明皇帝的宝座。

残酷的朱元璋

朱元璋结束了元朝的残酷统治，从元末战乱的废墟上建立起一个新的、充满朝气的强大帝国。当了皇帝以后，他能体恤民情，奖励农耕，为发展农业做出了贡献。对于贪官，他更是深恶痛绝，用尽极刑。为了使自己辛苦打下的江山能传给朱家的后代，朱元璋多次大开杀戒，杀了许多人，包括所有他认为有威胁的人，也包括替他打下了一半天下的徐达，他的开国功臣李善长、刘伯温等人。

徐达像

☆天安门的设计者

天安门的设计者是明代一位杰出的匠师,姓蒯名祥,人称蒯鲁班。

蒯祥是苏州吴县香山人,大约生于洪武年间。明永乐十五年(1417),蒯祥同大批工匠一道被征召到北京,承担皇家建筑的施工任务,由于他年富力强,身手不凡,不久被任命为"营缮所丞",相当于今天的设计师兼工程师和施工员。明成祖朱棣在营建北京时,为了标榜自己的正统性,要求工程建设一律遵循南京旧制。不但要求按南京的"奉天""华盖""谨身"三殿建好外朝三大殿,还要按南京宫城的形制,午门前设端门,端门前设承天门。其中的承天门就是后来的天安门。

在这些营建工程中,蒯祥技艺高超,发挥了骨干作用,而且他的绘图能力极强。正因为他既能够迅速完成设计任务,又能较好地贯彻皇上的意图,所以获得信任。蒯祥后来升到工部侍郎,食从一品俸,地位很高。可以推断,承天门的主要图样出自蒯祥之手。

蒯祥晚年还参加了承天门的第二次建造活动。1465年,明朝皇帝宪宗"命工部尚书白圭董造承天门",此时蒯祥已是80岁左右的老人了,但他仍"执技供奉",明宪宗见了他,还是以"蒯鲁班"相称。

此后,承天门同其他宫殿门阙一样,经过了多次维修。到了清代顺治八年

苏州蒯祥墓

(1651),清世祖爱新觉罗·福临将承天门改为天安门,这个名字一直使用到现在。

☆郑和下西洋

15世纪初,欧洲航海家们还在地中海里航行的时候,我国明代伟大的航海家郑和,却率领了庞大的船队,七下西洋,遍访

郑和海船(模型)

三宝太监郑和统率船队,曾七次下西洋。船队最大的海船长44丈4尺,宽18丈,立9桅挂12帆,是当时世界上最大的木帆船。

郑和下西洋路线图

船长137米,宽56米,装有9桅,12帆,载水手千人,铁锚重几千斤,排水量七八千吨。采用"牵星过洋"的天文知识夜航,用水罗盘定航向。在七次远航中,他们绘出了敦睦四海的"航海地图",丰富和总结了当时世界航海地理和天文导航等科学知识,畅通了中国到亚非各国的海上"丝绸之路",为密切中国和亚非国家的友好交往,相互促进经济文化发展,作出了杰出的贡献。

了越南、菲律宾、印尼、斯里兰卡、印度、也门等亚非数十个国家和地区,最远航行到了东非南纬4度以南的地方——麻林(肯尼亚),总航程约7万海里以上,相当于环绕地球航行3周多。

明永乐三年(1405)郑和被明成祖朱棣委派为皇华使臣第一次下西洋。直至年过花甲,第七次下西洋的28年间,郑和大都在惊涛骇浪中度过。郑和远航最盛时,率领大宝船60余艘,加上中小型船只共200余艘,官校水手27800余人。最大的宝

郑和下西洋首航比哥伦布到达新大

郑和宝船大舵杆

　　1975年在南京龙江船厂出土的郑和宝船用的长11米的大舵杆。

陆早87年,比达·伽马绕过好望角到达印度早93年,比麦哲伦到达菲律宾早116年。而这三个欧洲著名航海家,当时只率四五条海船,两三百名水手,与郑和下西洋的壮举无法比拟,这充分表明了当时中国在政治、文化和造船、航海方面,都居于世界前列,同时也显示了郑和及其水手们的伟大民族气概和百折不挠、激流勇进的大无畏精神。

南京郑和公园郑和塑像

☆于谦和北京保卫战

于谦(1398～1457),字廷益,浙江钱塘人。明朝军事家、诗人。少年时期他聪颖过人,勤奋好学,青年时代曾作诗明志。他在《石灰吟》一诗中说:"千锤万凿出深山,烈火焚烧若等闲。粉身碎骨全不怕,要留清白在人间。"于谦20岁考中进士,先后任监察御史、山西和河南巡抚、兵部侍郎、兵部尚书等职。他办事干练,为官清廉,深得朝廷器重,人称"龙图再世"。一次进京,随从问他要带些什么人情礼物,于谦举起两袖笑着说:"带有清风"。之后,"两袖清风"就传为美谈,这件事表明了于谦反对阿谀奉承、不畏权贵的崇高品德。

明英宗正统十四年(1449),北边瓦剌首领率军入侵,骚扰边镇,威胁朝廷。太监王振力促英宗亲征。英宗不顾于谦等人的劝阻,就贸然亲率大军50万出征。结果,明军退至土木堡时(今河北怀来县境内),突然被瓦剌骑兵包围,明军顿时大乱,英宗

于谦像

明英宗像

率军突围失败。"乃下马盘膝面南而坐",被瓦剌军生俘,这就是土木堡之变。

土木堡战斗之后,也先率军向北京挺进。明英宗被俘,朝中无主,朝野上下一片混乱。皇太后命英宗弟朱祁钰监国,代皇帝总管政事。在大敌压境的情势下,有的

北京智化寺王振像

大臣主张迁都避难,兵部侍郎于谦主张坚决抵抗。朱祁钰即帝位(明代宗),采纳于谦抗敌主张,命于谦为兵部尚书,负责保卫京师。

于谦受命于危难之时,他决心挽救国家危亡的命运,于是加紧制造武器,训练兵勇,储备粮食,惩办奸细。于谦挥泪激励将士奋勇杀敌,明军士气大振,决心保卫京

师。于谦亲自披挂上阵，两军在城外激战五昼夜，瓦剌军损失惨重，被迫撤军。于谦取得了保卫北京战斗的胜利。

☆ 明武宗禁百姓养猪

自古以来的帝王都鼓励农民养猪，发展农业。可是明朝有个皇帝却下令禁止百姓养猪。

明武宗朱厚照(1506～1521年在位)曾下令禁止百姓养猪。据《武宗实录》记载："正德十四年(1520)十二月乙卯，上至仪真。时上巡幸所至，禁民间畜猪，远近屠杀殆尽，田家有产者，悉投诸水。是岁，仪真丁祀，有司以羊代之。"

朱厚照提出禁止百姓养猪的理由有两点：一是"猪"与"朱"同音，要避讳；二是他出生于辛亥年，这年恰是猪年。因此，朱厚照认为养猪、杀猪、猪屎、猪瘟、猪狗不如一类的词都对他这位姓朱的皇帝

明武宗像

不利，于是便下令禁止百姓养猪。

朱厚照这一禁令颁布后，全国几乎都不养猪。等到来年清明节时，要杀猪祭祀，好不容易才找到几头"幸存者"。后来，在百姓们的强烈反对下，经过朝中大臣的婉言劝谏，朱厚照才不得不废除这条愚蠢的禁令。

☆ 朱元璋的荒唐子孙

明朝后期，政治日渐腐败，皇帝一个比一个昏庸荒唐。比如明武宗正德皇帝朱

明世宗像

厚照就是历史上有名的"浪荡天子"。他不理国事，每天击球走马，放鹰养狗，还下令在皇宫里开店铺、酒馆、妓院，自己穿上商人的衣服、讨价还价地买卖东西，上饭馆、逛妓院。他还大兴土木，挥霍国家资财。在宫里玩腻了，又穿上便服，离开北京，到宣府等地寻欢作乐，甚至随意闯进民宅讨酒喝。有一次去大同，沿途抢的妇女装满了10马车。大臣们劝阻，他不是抓、

明神宗像

打就是杀。因为生活荒淫,朱厚照31岁的时候就死了。他的叔伯弟弟接着做皇帝,就是世宗嘉靖帝,他在位45年(1522~1566),虽不重用宦官,但崇奉道教,造成的危害十分严重。他信用方士,妄求长生,欲成神仙。登位不久,即于宫中,日事祷祀。自嘉靖十三年(1534)后,世宗即不视朝。嘉靖二十一年(1542),乾清宫里发生宫婢之变,杨金英等宫女十余人,趁世宗熟睡之际,企图把他勒死,但未成功,宫女均被处死。自此之后,世宗遂移居西苑,不入宫内,益求长生,日夜祈祷。世宗专意修道,喜好青词。青词是道士写在青藤纸上的祷词,用来焚化祭天。凡进青词中意者,便能入阁,称为青词宰相。世宗又独断自是,拒谏护短,因而直言敢谏者无所容身,只有阿谀顺旨者专宠固位。所以世宗一朝,正直的大臣日少,奸佞之徒日多,以致内阁中相互倾轧,首辅之争日趋激烈,终至造成奸相掌握朝纲的局面。

嘉靖皇帝的孙子万历皇帝朱翊钧爱财如命,是个有名的大财迷,特别贪爱财宝,公开让宦官们给自己到处搜罗宝贝,谁弄来的多,就奖赏谁。结果造成贪官污吏横行,甚至挖人家的坟墓,搜寻随葬珍宝,皇帝和各级官吏富了,平民百姓却穷了。万历帝的孙子天启皇帝朱由校,登基时才十几岁,从小就贪玩,后来又由太监魏忠贤教唆,整天斗鸡走狗,还特别喜欢做木匠活,盖房子,对国事懒得管,全让魏忠贤一帮阉党操纵,他自己把房子盖了拆,拆了又盖。这样,国事给荒废了。于是,明朝很快走向了灭亡。

☆戚继光

我国明朝的时候,日本称为"倭国",正经历着战乱,国内分裂,内战频繁。一批武士打了败仗,失去了军职,又分不到土地,遂沦落为无业的"浪人"。这些浪人与奸商、流氓和海盗勾结起来,流亡在海上,不断地侵犯和骚扰我国东南沿海一带。历史上称这些浪人、流氓为"倭寇"。

倭寇每次来犯,杀人放火,掠夺财

戚继光像

《明军抗倭图》 现藏日本京都大学

物,人民深受其害,也使中国封建统治者遭受损失,他们被迫奋起反击。戚继光就是一员奋勇抗倭、战功卓著的名将。

戚继光调任浙江,镇守宁波、金华、台州三地。他见明朝军队腐败,没有战斗力,就招收强悍有志的农民和矿工16000人,组成新军,被人们称为"戚家军"。戚继光又根据沿海的地形环境特点,创造了一种火器、弓箭相互配合的新战术,使倭寇的重箭、长枪无法施展他的威力。戚继光对戚家军严格训练,使这支队伍很快成为纪律严明、精通战法、武艺高强的劲旅,一连打了几个大胜仗。这支队伍使倭寇闻风丧胆,纷纷败退。戚家军守卫边防,保护了民众的安全,受到大家的爱戴。

《纪效新书》

戚继光在抗倭战争期间写成的《纪效新书》,是东南沿海平倭练兵与作战的经验总结。

严 嵩

严嵩(1480~1567),江西分宜人。弘治进士。嘉靖33年(1544)升任首辅。严嵩在嘉靖年间为首辅最久,政治影响也最大。他做了很多坏事,害了不少好人,成为有名的奸相。严嵩没有别的才略,只一味奉承皇帝,很用心地搜集青词给皇帝用,尽力在西苑侍奉。他窃权谋私,卖官受贿,先后专政14年,弄得政治极端黑暗,边防松懈不堪。晚年,严嵩被世宗疏远革职,没收家产。

☆明宫疑案的内幕

明朝后期，皇宫里发生了三桩疑案，就是"梃击案""红丸案"和"移宫案"。公元1615年春季的一天，一个叫张差的乡村莽汉手持枣木棍冲进皇宫，见人就打，一直闯到皇太子朱常洛居住的慈庆宫，打伤了守门的内侍李鉴，结果被捉住关了起来。审问下来，案情牵涉到万历皇帝的宠妃郑妃。原来朱常洛的生母不被皇帝宠爱，郑妃受宠，但郑妃生的儿子朱常询又不是长子，难封太子，于是耿耿于怀。万历皇帝也迟迟不立太子，后来还是在大臣们一再催促下，才在朱常洛20岁那年，册立为皇太子。这件事，历史上叫"争国本"。国本已经争到了，按说事情就结束了。不料，又出现了村夫张差要棒杀皇太子的事，就是"梃击案"，张差交代，指使他到皇宫来的，正是郑妃的心腹太监庞保和刘成。于是，朝臣们纷纷议论，怀疑郑妃要杀死太子，改

明十三陵出土万历金冠

立自己儿子为太子。万历皇帝只好声明，自己喜欢皇太子，不会改立，又处死了张差、庞保和刘成。但是究竟是谁主使的呢？真是郑妃吗？案情并没有弄清楚。后来，又由此引出了"红丸案""移宫案"，明朝宫廷斗争一直延续了几十年，满朝上下为此事争来斗去，耗费了不知多少精力，也误了国家大事。明朝的灭亡，也和万历年间的争斗有关。所以历史学家评论说："明朝之亡，始自万历"。

明十三陵定陵外景

北京十三陵中的定陵是万历皇帝和皇后的陵墓。

☆八旗制度

努尔哈赤（1559～1626）是清朝的开创者。1583年开始，他以13副盔甲起兵，东征西讨，用5年时间统一了东北的女真部落。此后，他的势力不断壮大，至万历二十

九年（1601），努尔哈赤开创了八旗制度。

八旗制度由女真人的牛录制扩充而来。在牛录制下，1牛录为300人，首领称"牛录额真"（汉译"佐领"）；5牛录为一甲喇，首领称"甲喇额真"（汉译"参领"）；5甲喇为一固山，首领称"固山额真"（汉译"都统"）。每一固山有自己颜色的旗帜，当时满洲军共有4个固山，分红、黄、蓝、白4种颜色的旗帜。万历四十三年（1615），满洲军建制扩大，又增设镶黄、镶白、镶

努尔哈赤像

八旗正白旗甲衣

民出则为兵，入者为民；有事征调，无事耕猎。在行军时，逢地广则八旗分路并行，逢地狭则合为一路。征战时，长矛大刀为先锋，善射者从后射击，精兵相机接应。八旗兵纪律严明，剽悍善战，所向披靡。努尔哈赤及其继承者就是依靠这支武装力量，打败了明朝军队和李自成的起义军，统一了全国。在八旗制度下，旗主对旗下进行封建统治剥削。努尔哈赤则高居八旗主之上，为八旗的首领。

红、镶蓝4个固山，共有8个固山，6万人。"固山"即满语"旗"的意思，所以8固山建立，亦称"八旗制度"。努尔哈赤将全体女真人都编入八旗之中，实行一种军政合一的制度。每旗的固山额真皆由王贝勒担任，称为"旗主"，一般百姓则称"旗下"。旗

努尔哈赤宝刀

☆史可法抗清

1644年，李自成攻破北京，崇祯皇帝自尽，明朝大臣们在建康(今南京)拥立福王朱由崧称帝，史可法被授为兵部尚书兼太极殿大学士。

朱由崧是个昏君，他不顾清军入关的危机，用军饷建造华丽宫殿，供自己享受。朝政却交由奸臣马士英、阮大铖等人掌管，他们揽权行私，搜刮民脂民膏，互相倾轧。当时，只有史可法督师江北，坚决抗战。

1645年春，清军南下围攻扬州，史可法率领一支部队死守孤城，誓死不降。清军统帅多铎多次劝史可法投降，史可法坚决不答应。多铎恼羞成怒，率领清军攻城，史可法亲自把守险要关口，指挥士兵用铁炮还击清军，清军死伤无数。多铎见强攻不行，便亲自督阵，猛攻旧城的西北角，用清兵的尸体填平了城外的护城河，攻入城内。

史可法见清军攻入城内，局势无可挽回，便要拔剑自刎。由于部将拼命阻拦，史可法自己没有砍中要害，他又命令部将动手杀他，部将不忍心，一个个都不愿动手。

将士们保护着史可法从旧城的小东门突围，不料，清军拼死阻击，由于寡不敌众，部将多数被清兵敌箭射死，史可法被俘。

史可法被俘，多铎欣喜若狂，待史可法如上宾，以高官厚禄诱降，史可法坚贞不屈，昂首回答："我乃天朝重臣，岂可苟且偷生，做万世罪人！城存与存，城亡与亡，头可断，身不可屈！即使把我碎尸万段，也心甘如饴。"

多铎见劝降不行，诱降不成，命令清兵将史可法押赴新城南门碎尸万段。史可法就这样被杀害了。

史可法像

☆"冲冠一怒为红颜"

"鼎湖当日弃人间，破敌收京下玉关。恸哭六军俱缟素，冲冠一怒为红颜……"明末清初的杰出诗人吴梅村一首《圆圆曲》，描述了明清交替之时名重天下的绝代名优陈圆圆的故事。在明清交替之际，她使吴三桂冲天一怒引清兵入关，使号称有百万大军的李自成遭到了彻底的失败，历史的车轮顿然改辙换路。

吴三桂原来是明朝派到关外抗清的，驻扎在宁远一带。1644年，李自成率领百万大军进攻北京。到了这年3月，义军在北京城下会师，17日开始猛攻北京城。第二天晚上，崇祯帝登上煤山（在皇宫的后面，今北京景山），在寿皇亭边一棵槐树下上吊自杀。统治中国270多年的明王朝，宣告灭亡。

起义军逼近北京的时候，崇祯帝接连下命令要吴三桂带兵进关，对付起义军。吴三桂赶到山海关，北京已被起义军攻破。过了几天，吴三桂收到他父亲吴襄的劝降信，倒犹豫起来。向起义军投降吧，当然是他不愿意的；要不投降吧，起义军勇猛善战，兵力强大，自己不是他们的对手。再说，北京还有他的家属财产，也舍不得丢掉。既然李自成来招降，不如到北京去看看情况再说。

吴三桂带兵到了滦州，离北京越来近，就遇到一些从北京逃出来的人，吴三桂找来便问。开始，听说他父亲吴襄被抓，家产被抄，吴三桂已经恨得咬牙切齿；接着，又听说他最宠爱的歌姬陈圆圆也被起义军抓走，吴三桂更是怒气冲天，立刻下令退回山海关，并且要将士们一律换上白盔白甲，给死去的崇祯帝报仇。

李自成得知吴三桂拒绝投降，决定亲自带20多万大军，进攻山海关。吴三桂吓得灵魂出窍。他也顾不了什么气节，写了一封信，派人飞马出关，请求清朝帮助他镇压起义军。

清朝辅政的亲王多尔衮立刻亲自带着十几万清兵，日夜不停地向山海关进兵。

清军到了山海关下，吴三桂卑躬屈膝地哀求多尔衮帮他报仇，多尔衮自然顺水推舟地答应。从此清兵入关，明朝被清朝取代。

吴三桂像

☆明末清初"三先生"

在清代，一提起读书做学问的事，文人学者们总是要说到明末清初的三位著名学者——黄宗羲、顾炎武、王夫之，称他们是"三先生"。三先生都有高尚的气节，又有高出一般学者的学术成就。他们都参加了抗击清军的斗争，失败后也坚持不妥协的态度，或隐居山林，或接触社会，专于做学问，并取得了重大成就。

黄宗羲是浙江余姚人。他最突出的

王夫之像

贡献是批判了封建君主专制,大胆地直接批评皇帝专制造成的天下不安,使百姓遭殃,指出"天子之所是未必是,天子之所非未必非。"这在当时是非常大胆和尖锐的。

王夫之是湖南衡阳人。他是我国古代唯物主义思想的最大继承者,认为世界万物都在不停地运动着,社会、自然也要不断发展。这种充满辩证法的思想,使他的思想成就超越了古人。

顾炎武是江苏昆山人。他最大的特点是把学问应用到实际中去。他从45岁开始,就在北方各地奔波,深入边塞山野进行社会调查,向当地农民和退伍士兵详细了解地形、地势和风土人情,还提出了许多治国安邦的好办法。他强调要从具体的事物中探求真理,反对主观空想。

三先生在我国古代思想史上占有重要地位。

顾炎武像

☆郑成功收复台湾

1661年阴历二月,民族英雄郑成功率领强兵数万,在金门料罗湾誓师祭江。然后率战船数百艘,浩浩荡荡,乘风破浪,去收复被荷兰殖民军侵占了38年的祖国宝岛台湾。

四月初一,庞大的船队到达赤嵌城(即今安平)北边的鹿耳门海面,然后绕过激流险滩,躲过暗礁沉船,出敌不意地在赤嵌城北5千米的禾寮港(在今台南境)登陆。

台湾人民看到郑成功的先头部队登

黄宗羲像

陆后,立即端着吃的,提着喝的赶来慰问,台湾青年自告奋勇协助士兵登陆。在人民的大力协助下,两小时内,郑成功的陆军顺利地占领了滩头阵地,舰队也做好了作战准备。

为了阻止郑成功部队继续扩大战果,挽回败局,荷兰驻台长官弗里第里克·揆一急忙组织力量,从海上、陆地上同时发起反击。

在海上,荷兰殖民军的4艘战舰与郑

郑成功像

清代黄梓绘。长130.5厘米、宽65厘米。画中的郑成功头戴方巾,身着铠甲,正在下棋。画面右下方一下马小校正在跪报军情。

成功的60艘大型帆船,双方枪炮齐发,摇旗击鼓,互不示弱。开始时,郑成功的几条船只被击穿,但英勇无畏、训练有素的水兵们毫不退缩,他们前仆后继,用大炮向敌舰猛轰,荷兰殖民军见势不妙,连忙调转船头,开足马力,夺路而逃。

在陆地上,战斗进行得更为激烈。敌军趾高气扬地摆好阵势,一边冲锋,一边连放火枪,他们满以为只要放一排枪,打中其中几个人,郑成功的部队便会吓得四散逃跑,全部瓦解。但是,郑成功的部队毫无惧色,他们有的拿着弓箭,有的双手握一把长柄大刀,低身弯腰,冒着密集的火力,奋不顾身地向敌人冲去,把刚才还是耀武扬威的荷兰殖民军打得抱头鼠窜,落荒而逃,最后龟缩在堡垒里再也不敢露头。

接着,郑成功部队乘胜包围了赤嵌城,城防司令见救兵无望,四月初四挂起白旗,宣告投降。随后,郑成功又令水陆大军包围了热兰遮城(今台南市),并在海上连续击溃由巴达维亚派来的荷兰殖民军援军。经过数日的围困,城内荷兰殖民军弹尽粮绝,军心涣散。郑成功认为夺城时机成熟,下令发起总攻。郑军一举攻克热兰遮城的外围据点乌特勒支堡,并直逼城下,揆一见大势已去,不得不于1662年1月27日宣布投降,并于2月1日带领残兵败卒,列队向郑成功献上投降书。从此,被荷兰殖民主义者占据了38年之久的台湾,终于重又回到祖国的怀抱。

郑成功奇袭鹿耳门（油画）

☆康熙皇帝

提到康熙皇帝，人们自然会联想到他果断起兵平定三藩之乱、收复台湾，打击沙俄殖民者入侵，粉碎准噶尔叛乱等打击分裂势力、维护国家统一和领土完整的壮举。后人把康熙到乾隆统治的百年称之为康乾盛世，是对康熙大帝功绩的一种肯定。康熙皇帝执政61年，对维护中华民族的统一，发展经济文化都做出了重要贡献。

康熙，名爱新觉罗·玄烨（1654～1722），是清入关后首位皇帝，顺治帝的第

康熙皇帝像

三子，他自幼在宫中深受汉族封建文化熏陶，又爱好骑马、射箭，少年时代就显示了文武兼备的才干。

康熙即位时年仅8岁，由他的祖母孝庄文皇后和索尼、遏必隆、苏克萨哈、鳌拜四大臣联合辅政。14岁时开始亲政。

康熙书法

康熙亲政之初，最大的威胁来自辅政大臣鳌拜。野心勃勃的鳌拜，在朝中结党营私、独断专行、排挤其他大臣，在国内推行"圈地令""迁海令"等极端政策，严重地破坏了农业和工商业的发展。对康熙，也想伺机除去，以便自己登上皇位。年轻的康熙帝为了麻痹鳌拜，假意沉溺于游乐之中，整日和一班少年在宫中做角斗等游戏。待一切准备完成后，他才召鳌拜入宫，宣布将鳌拜革职查办。鳌拜欺皇帝年幼，禁卫部队又多其亲信，竟要拔刀反抗，康熙一声令下，平日与康熙玩耍的一帮十六七岁少年一拥而上，将鳌拜拿下。康熙乘机将鳌拜死党一网打尽，除掉了亲政的绊脚石。继而，康熙下令停止圈地，实行奖励耕织、减免赋税，对汉族知识分子加以笼络，缓和了阶级矛盾和民族矛盾，使国力迅速强大起来，在他执政的61年间，康熙帝表现出一个封建统治者卓越的才能。

康熙不仅促成了清初经济的繁荣，而且为建立多民族统一国家奠定了基础。当

智擒鳌拜

时的中国领土北起外兴安岭,东至鄂霍次克海、库页岛,西起巴尔喀什湖和帕米尔高原,南至南沙群岛的曾母暗沙,成为最强大的封建大帝国。

康熙帝的一些举措对学术文化发展也起到了推动作用。他下令组织人力编纂

抚远大将军西征图卷局部

清代,全卷长692厘米、宽49厘米。这是一幅描绘清朝平定准噶尔军队在西藏叛乱的画卷。康熙55年(1716),策妄阿拉布坦率军入藏,执杀了拉藏汗,毁坏寺院,残害百姓,西藏地方陷入混乱。康熙59年(1720)正月,清政府"命抚远大将允禵,……率兵进藏"平叛。图卷所绘为清朝将军噶尔弼从南路进军西藏的情景。所示画面为"强渡拉萨河"。

《明史》《古今图书集成》《康熙字典》《大清会典》等书籍,允许西方传教士在中国传播科学知识。康熙自己还写了论文八九十篇,对许多方面提出了独到的见解,这在历代皇帝中也是极为罕见的。

作为封建皇帝,康熙帝也曾实行过文化专制主义,大兴文字狱迫害反清的知识分子。但康熙帝在中华民族发展史上仍占有重要地位。

☆ 施琅收复台湾

1662年,民族英雄郑成功一举驱逐了荷兰殖民主义者,收复了台湾,被封为延平郡王。郑成功死后,其子郑经继任。此时,清朝的统治日趋巩固,全国统一已是人心所向,同时,郑经集团日益腐化,并勾结荷兰殖民主义者,妄图脱离祖国。1681年,郑经病死,次子郑克爽继任延平郡王,台湾处于"人人思危""众皆离心"的局面。

鉴于这种形势,康熙皇帝启用爱国将领施琅再次担任福建水师提督,授予他收复台湾的全权。施琅抱定收复台湾的决心,制定了"先取澎湖,又扼其吭"的进军战略,于1683年6月14日,率领水师两万余人,大小战舰300余艘,直取澎湖。在激烈的海战中,施琅身先士卒,奋勇冲杀,在右眼被铳击伤后,"以帕浸血""督战益力"。在他的带动下,清军将士舍身忘死,一举攻克澎湖诸岛,首战告捷。

康熙得知喜讯后，当即颁布谕旨，只要郑克爽集团回归，朝廷既往不咎，并从优叙录，加恩进爵，施琅坚决贯彻康熙旨意，表示只要郑克爽等回归，一定"当即赦之"。郑克爽和冯锡范等台湾决策人考虑再三，认为施琅确有诚意，并感于康熙皇帝"谕旨之恳切"，终于作出了历史性的决定，"请求纳附"。

1683年8月13日，施琅赴台湾进行接管工作。他首先到郑成功庙中致祭，接着又发布了《谕台湾以安民生示》和《严禁犒师示》，制定了一系列安民措施，受到台湾人民的热烈欢迎和拥戴。尔后，施琅不食前言，妥善安置了郑氏政权的全部人员，让他们各得其所，心悦诚服，至此，宝岛台湾在一度分离之后，再一次回到祖国的怀抱。

施琅塑像

☆ "十全老人"

清朝的第四位皇帝爱新觉罗·弘历，年号乾隆，是中国历史上寿命最长的皇帝，活了88岁，也是历史上执政最久的皇帝之

乾隆南巡图

一，共执政60年，退位后还当了3年的太上皇。乾隆时期，也是清代历史上最强盛的时期之一，后人把康熙、雍正、乾隆三代称为"康乾盛世"。

乾隆帝执政的60年，在文治和武功方面都颇有建树。在文治方面，他勤于朝政，善于控制各级官员并能恩威并施，对拥护清朝的汉族知识分子进行笼络，拉拢一批地主阶级文人到朝中做官，让其充分发挥才能，以维护统治的稳定，对反满反清的知识分子又大兴文字狱，进行打击。乾隆帝还善于利用巡游之机，加强对各地的统治。他曾数次外出巡游，其中六次下江南，了解南方的政治、经济形势和民风民俗，考察各级官员。这位皇帝也是多才多艺的天子，每到一地，都兴趣盎然，执笔挥毫，在许多地方留下墨宝,至今人们还能看到。

乾隆皇帝不仅文治显著,而且极有军事才干。18世纪,随着西方势力的不断东进,我国边疆地区屡次出现危机,少数民族起义也屡次发生。乾隆帝运筹帷幄,及时调兵遣将,多次平定一些叛乱、外族入侵和少数民族起义。他非常得意自己一生的武功,晚年曾写出《十全武功记》,将两平准噶尔,定回部,两定大小金川,靖台湾,降服缅甸、安南(今越南),两次降服廓尔喀蒙古,合计为十,他自诩为"十全老人",并镌刻了"十全老人之宝"的印章。他凭借清初发展起来的国力,东征西讨,使清朝国势在他统治的时代达到极盛时期,仅人口就增长到3亿多,这是自古以来所没有的。

但是在乾隆帝执政时期,也有许多不尽如人意之处,如他宠信奸佞和珅,和珅弄权20年,贪赃枉法,横行无忌,贪污银两竟多达10亿两白银,成为历史上最大的贪

乾隆皇帝大阅图

官。乾隆也没有能解决当时尖锐的阶级矛盾,他退位不久,四川、湖北等地就爆发了全国性的白莲教大起义。嘉庆四年(1799),乾隆帝以88岁高龄寿终正寝。

乾隆皇帝的太上皇帝之宝印玺

乾隆皇帝在位60年,传位于嘉庆后,又做了三年太上皇。在重大事情上,他仍以太上皇的名义发号施令。

☆ 清代西藏管理

达赖喇嘛的称号始于1578年,是蒙古俺答汗授予西藏黄教首领锁南嘉措的。1587年明朝万历皇帝也封他为达赖喇嘛,他是达赖三世。而后的达赖五世在西藏建立了政教合一的封建政权。1652年达赖五世应清朝顺治皇帝的邀请进京,第二年清政府封他为"达赖喇嘛",从此正式确立了达赖封号及其在西藏的政教地位。1645年蒙古和硕特部首领固始汗为了巩固他在西藏的地位,也为了分散达赖五世的权力,赠予札什伦布寺住持黄教首领罗桑却吉坚赞

五世达赖喇嘛银像

为"班禅"。罗桑却吉坚赞去世后，札什伦布寺向上追认三世班禅，罗桑是班禅四世。1713年康熙皇帝封班禅五世为"班禅额尔德尼"，正式确立了班禅在西藏的政教地位。

☆金奔巴瓶的分量

西藏地区在元朝由中央政府正式管辖。明清时期，喇嘛教(佛教的一支)中黄教的两个首领，分别被尊为达赖和班禅。教徒们把达赖和班禅看成是天上的神，具有无边的法力，而且说他们是水生的，他们圆寂(去世)之后，会化作转世灵童，再来人间。清朝政府把喇嘛教奉为国教，并正式承认达赖、班禅在西藏僧俗上的权力，让他们参与地方事务的管理，而达赖与班禅的转世，必须由中央册封，也形成了制度，一直延续下来。由于达赖喇嘛驻在拉萨，有至高无上的权力，所以每当他死后，贵族们就想方设法，争着让自家子弟当灵童，成

为新达赖。为此闹出许多争夺权力的乱子。乾隆皇帝见西藏的战乱，大都与达赖和班禅的转世有关，认识到只有朝廷掌握了这个权力，才能削弱地方贵族的势力，有效地控制西藏局势，保持西南边地的稳定和安宁。于是，他独出心裁地提出，采用"金奔巴擎签制"，选定灵童。下令在拉萨大昭寺供奉一个金瓶(藏语称瓶为"奔巴")。每当达赖与班禅去世，就把选好的转世灵童的名字写在象牙签上，投入瓶内。诵经几日之后，由驻藏大臣当众抽签，抽中的灵童即为新的达赖或班禅。后来，青海、蒙古等地的活佛转世，也必须经金瓶抽签的手续，才能得到承认。

金奔巴瓶

☆清宫"四大奇案"

清宫四大奇案，首推顺治出家。顺治皇帝名福临，他生前好僧，曾以"佛门弟子"自称。顺治十八年正月，朝廷突然以大丧告天下，说是年仅24岁的顺治死了。

顺治皇帝像

然而另有一传说，说顺治没死，而是因为皇贵妃董鄂氏死了，他过于伤感，离开皇宫到五台山出家去了。

另外两件奇案皆和雍正有关，即他的继位谜和生死谜。雍正名胤禛，为康熙皇帝的第四子。康熙皇帝生前并无意传位于他，倒是对十四子颇为倚重。后来雍正登上了皇帝的宝座，成了众说纷纭的谜。历来传说是雍正与尚书隆科多合谋将遗诏"传位十四子"篡改为"传位于四子"，使雍正名正言顺地成了继位人。不过对这一传说也有人提出异议，主要是"于"和"於"，在当时绝不通用，这一看法也有一定道理。

雍正上台后，大肆杀戮，大搞文字狱，害死了不少人。当时浙江学者吕留良，因曾静案，死后被人告发，吕留良被戮尸。民间流传，其家族中，除孙女吕四娘逃出外，其余全被杀死。后来吕四娘学得拳勇绝技，终于割去了雍正的脑袋。据说，雍正暴死后，是用黄金刻了个脑袋入殓的。

第四奇案是光绪之死。光绪本是慈禧太后妹夫醇亲王的儿子。慈禧亲生儿子同治19岁死后，慈禧便选中了这个只有4岁的姨侄儿做了皇帝。不过，光绪名为皇帝，实为傀儡，处处受制于慈禧，双方矛盾愈演愈烈，直到戊戌变法失败，慈禧便干脆把光绪囚禁于瀛台。由于光绪死于慈禧之前，因此，过去有慈禧毒死光绪一说，近来从故宫档案中查到有关资料，认为光绪确系病死。

光绪皇帝像

☆虎门销烟

北京天安门广场上，矗立着庄严的英雄纪念碑，碑座上镌刻了记录着近百年来中国人民革命斗争英雄事迹的10幅浮雕，

林则徐像

第一幅就是虎门销烟的动人场面。

虎门，位于珠江的入海处。因为雄踞在狮子洋的大虎山、小虎山，像两只凌空欲扑的猛虎，而矗立于穿鼻湾江流之中的上下横档礁，又酷似珠江两扇壁立的铁门，

道光皇帝像

故而得名。这里，不仅因为山水奇丽，富有诗情画意，更主要的是在150多年前，林则徐领导英雄的虎门军民在这里销毁鸦片、抗击英国侵略者，揭开了中国近代史上可歌可泣的第一页，因而使虎门的名字闻名中外，载入史册。

19世纪30年代，英、美、葡武装走私鸦片进入我国，用这些毒品来毒害中国人民，又骗走了我国大量白银，中国人民纷纷起来同贩卖鸦片的活动作斗争。1838年，

吸食鸦片

林则徐上书道光皇帝说，如果任凭鸦片泛滥，数十年后，"中原几无可以御敌之兵，且无可以充饷之银"。在禁烟舆论压力下，道光皇帝任命林则徐为钦差大臣，节制广东水师，查禁鸦片。在人民群众的支持下，迫使外国烟商在虎门交出鸦片20283箱，共重1188127千克，于1839年6月3日至25日在虎门销毁。这真是震撼世界的壮举。

新中国成立后，在虎门太平镇北郊修建了一座海滨公园，是全国重点文物保护

单位之一。公园深处是"虎门人民抗英纪念馆"。复原的销烟池在公园左侧,销烟池共两个,长宽各50米,池底平铺石板,四周拦桩钉板,池旁开一涵洞,池后通一水沟。销烟时,先将池蓄满水,撒下浓盐卤水,再将鸦片分批放入池内,再加生石灰搅拌,使其分解销蚀,然后引江水入池冲走,点滴不留。销烟池不仅是中国人民坚强意志的最好见证,而且充分显示了中国人民的聪明智慧。

虎门,是中国人民反帝斗争的伟大起点。

鸦片战争的海战

这是19世纪西方的一幅版画。在画中,中国的木船被一艘可用帆或蒸汽推动的明轮铁舰尼米西斯号击沉。

☆ 第二次鸦片战争

1856年至1860年,英法两国在沙俄和美国的支持下,以所谓"亚罗号事件"和"马神甫事件"为借口,联合发动了一场侵华战争。这场战争,是第一次鸦片战争的继续和扩大,是资本主义国家对中国的又一次侵略战争,因此历史上称其为第二次鸦片战争。

1856年10月23日,英国侵略军首先进攻广州。1857年,英政府任命额尔金为全权专使,率英军与同为全权专使的葛罗所率领的法国侵略军联合,于12月29日攻陷广州。1858年4月,英法联军北上,攻陷大沽,俄美公使假装调停,随英法联军北上,5月侵占天津。清政府被迫派大学士桂良、吏部尚书花沙纳与英法签订了《天津条约》。支持英、法侵华的沙俄和美国也

英法联军攻打大沽炮台

乘机胁迫清政府与之签订了中俄、中美《天津条约》。

《天津条约》的签订，并没有满足侵略者的愿望。1860年，英法借口来中国换约受阻，再次发动侵略战争，先后攻占舟山、大连、烟台、大沽、天津、通州等，9月21日进逼北京，清朝咸丰皇帝仓皇逃往热河。10月英法联军攻占了北京的圆明园，这座经营150多年，综合了中西建筑艺术的成就，珍藏着古今艺术珍品和无数财富的世界上少有的壮丽宫殿和园林，在惨遭英法侵略军的劫持以后，又被纵火焚烧，变成一片瓦砾，给我国造成了不可估计的损失。接着英法侵略者又强迫清政府签订了《北京条约》。

这些不平等条约除规定允许外国公使常驻北京外，又规定中国向英、法两国赔偿兵费各800万两白银，增开营口、烟台、台南、汕头、琼州、镇江、南京、九江、汉口、淡水、天津等11个通商口岸，允许外国人到内地自由传教，减轻商船吨税，割让九龙给英国。这一切，使中国丧失了100多平方千米的土地，丧失了更多的主权，从此外国侵略势力扩大到中国沿海各省，并且深入到内地。中国社会半殖民化的程度进一步加深了，中国人民的灾难更加深重。

☆天朝田亩制度

《天朝田亩制度》

太平天国在1853年冬颁布以解决土地问题为主要内容的农民革命纲领——《天朝田亩制度》。在土地问题上，该纲领规定：把全国土地按单位面积产量的多少分为上、中、下三等，每等又分为上、中、下三级，然后按人口平均分配使用，16岁以上的男子和女子分得全份，15岁以下的减半，好、坏田搭配。还规定农户应不失时机地从事种桑养蚕、饲养猪鸡等副业生产。在社会组织方面，规定实行"寓兵于农"的守土乡官制和供给制的国库(即圣库)制度，以及各级官吏的选举、升迁和罢黜的制度等。《天朝田亩制度》中关于平分土地的主张，否定土地私有制，但它实

洪秀全塑像

际上是一种行不通的绝对平均主义的空想。从现存史料看，这种平分土地的办法没有实行过。

☆ 火烧圆明园

圆明园是清朝统治者为了享受豪华奢侈的生活在北京西郊建造的皇家夏宫。它是劳动人民用了100多年的时间，花费了无数的心血和汗水才建成的。它的建筑可说是中西合璧：既有壮丽的宫殿，又有秀美的园林。宫内藏有无数的珍宝与艺术品。但是，1860年10月，圆明园却遭到了英法联军的抢劫。抢劫之后，这些侵略者又将它付之一炬。

1856年，英国与法国分别借口"亚罗号事件"和"马神甫事件"向中国挑起了第二次鸦片战争。1857年，英法联军占领了广州。1858年5月，他们又北上天津，侵占了大沽炮台。急于息战的清朝统治者，被迫在6月分别与俄、美、英、法签订了

圆明园遗迹

圆明园《四库全书》劫后本

《天津条约》。两年以后中国和英、法之间交换《天津条约》文本的时候，英、法两国军队再次北上。他们拒绝了清政府规定的由北塘进京的路线而去进攻大沽，驻守大沽的清军给予坚决的回击。8月，英法联军再次进攻大沽得手后，立即进逼通州。在通州，他们与中方的谈判破裂。10月5日，英法联军借口中方扣押了他们的人开始进攻北京城。清军在侵略者面前兵败如山倒，侵略者更加有恃无恐。10月6日，他们闯进了圆明园这座艺术宫殿。面对无数的珍奇财宝，他们一个个都惊呆了。英、法军官率先抢劫，然后又纵兵自由掠夺。

参加抢劫圆明园的"每一个士兵口袋里有了两万、三万、四万甚至一百万法郎"。劫后的圆明园，已经面目全非，能拿走的东西都被侵略者拿走了，拿不动的都被侵略者毁掉了。为了掩盖英法军人的罪恶行径，侵略者在6日和8日两次焚烧了圆明园，大火延续了几个日夜。

李鸿章像

圆明园

　　圆明园位于北京西郊挂甲屯北。康熙四十八年（1709）始建，占地约347公顷，仅圆明三园即周约10千米。最初为雍正的私园，雍正即皇位后也在此接见大臣，处理政务。此后，历代皇帝皆居于此园，往往要到冬至祭天才进城。元旦一过又返园。园地不断扩建，乾隆年间，在其东侧增建长春园，与东南绮春园合称圆明三园，简称圆明园。咸丰十年（1860），被英法联军所毁。

备，都是依靠外国，那些到中国工厂里做事的外国人也有他们自己的打算。赚钱是其一，控制中国军事发展是其二。所以一般地制造枪炮子弹，他们还愿意，可一旦关系到对外国不利的事，他们就从中捣乱。如英国人马格里监制的大炮，在大沽口试放时，发生了爆炸，七名士兵被炸得血肉横飞。不过，办洋务也起了有利于我国经济发展的作用。为了筹集经费，李鸿章等办了一些新式民用企业，用来赚钱，于是一批矿务局、招商局、电报局、机器织布局、

　　今天，我们漫步圆明园遗址时，虽已见不到100多年前的那份惨状，但那些尚存的残垣断壁、乱石孤柱似乎仍在向人们诉说着英法联军的罪恶。

☆ 洋务运动

　　在和外国侵略者交战过程中，在镇压太平天国等起义军的过程中，清朝政府中的一些官吏和将领看到外国的新式武器确实比中国的土炮和长矛大刀厉害得多，就想学习外国先进的技术。这样，他们兴办起了近代军事工业，叫做"办洋务"。代表人物有曾国藩、李鸿章、左宗棠、张之洞等。洋务派办洋务，从管理人员到技术设

1869年的江南制造总局炼钢厂

钢铁厂等企业出现了,还有一些官商合办的企业。这是中国近代工业的开端,带来了新的生产方式,增加了产品量,促进了商品交换,进而使修铁路、办交通、邮电等成了现实。一批先进的技术人才也培养出来了。洋务运动的不断发展,还促使私人资本的发展,民族工业在中外势力的压迫下,吃力地发展起来。

金陵机器局(1865年李鸿章在南京创建)生产的枪炮。

☆ 左宗棠收复新疆

1865年,中亚浩罕国的一个军官阿古柏乘中国新疆地区纷乱的时机,率军侵入

左宗棠像

喀什噶尔。到了1870年,阿古柏占据了天山南北大部分地区。那时,英、俄都力图在新疆扩展侵略势力,他们竞相勾结和支持阿古柏,展开了激烈的争夺。1871年,俄国出兵侵占伊犁地区,对当地各族人民进行残酷的殖民统治。

俄国和阿古柏对新疆的侵略,遭到新疆各族人民的强烈反抗。他们热切盼望清廷早日收复失地,并自动起来同侵略者作斗争。1876年,清廷派左宗棠率军进入新疆,各族人民拿起武器配合清军作战,打败了阿古柏匪帮。1878年初,清军收复了新疆被侵占地方,只有伊犁地区还在俄国侵略者手中。1881年,中俄签订《伊犁条约》,收复了伊犁,但伊犁西境霍尔果斯河以西的大片领土却被沙俄割占。

☆ 甲午陆战

甲午战争分海战和陆战两个战场,甲午海战及邓世昌早已家喻户晓,而甲午陆战及左宝贵却很少为人了解。陆战主战场在朝鲜平壤,左宝贵指挥清军与日军浴血奋战,成为甲午战争中清军高级将领中壮烈殉国第一人。

1894年7月,日军侵略朝鲜,左宝贵奉命率军进驻平壤。在攻守问题上,左宝贵坚决主张主动进攻。8月初,他准备南下与进驻牙山的叶志超、聂士成部南北夹击敌人,但因叶志超部战败而计划落空。9月

甲午战争

　　1894年7月23日至1895年4月17日，日本帝国主义为了并吞朝鲜并向中国扩张，发动了一场侵略战争。按照我国的纪年法，1895年为甲午年，因此叫做"甲午战争"。在战争中，中国军队英勇奋战，给予侵略者以沉重的打击。但由于清朝政府腐败，推行妥协投降的政策，最后清政府在战争中遭到失败，并被迫与日本签了《马关条约》，大大加深了中国半殖民地半封建化。

　　初，左宝贵集合马步15营共7000人分左、中、右三路向平壤南日军出击，集中3000人向平壤北日军出击，以优势兵力各个击破敌人。但叶志超探闻一部日军进攻平壤后路，急将南北出击部队召回，遂丧失了主动进攻敌人的有利战机。日军畅行无阻，立即包围了平壤。少数贪生怕死的清军将领见敌人来势汹汹，主张弃城逃走。左宝贵慷慨陈词，表示与平壤共存亡的决心。

　　9月15日凌晨，日军对平壤发起总攻，平壤保卫战正式开始。为表示死守平壤决心，左宝贵"遵回礼，先期沐浴，誓临阵死节"。会战期间，左宝贵亲自至城上指挥战斗。日军主攻方向是平壤城北的牡丹台、玄武门一线。清军在玄武门外共修五处堡垒，内重为牡丹台，牡丹台外围构筑四处堡垒。在日军强烈炮火的进攻下，四处外垒纷纷落入日军之手。日军从东、北、西三面包抄牡丹台，并集中全部炮火，攻克了牡丹台。正在玄武门指挥作战的左宝贵，见牡丹台失守，"乃衣御赐衣冠，登陴督战"。营官杨某见城上危险，欲挽宝贵下城，宝贵击以掌，并亲燃大炮向敌军轰击。部下感奋，拼死抗击，给日军以巨大杀伤。酣战间，忽一炮弹飞来，左宝贵肋部受伤，他裹创后再战，血染战衣。不久，又一弹飞至，左宝贵中弹倒地，英勇就义。日军占领了玄武门，清军从此溃败。

☆ 戊戌变法

　　戊戌变法是资产阶级改良派在1898年发动的一场政治改革运动。因为这一年是旧历戊戌年，所以叫"戊戌变法"。甲午战争后，民族危机空前严重，要求维新变法的呼声日趋高涨。1898年6月11日，光绪帝颁布诏书，实行变法，在康有为等维新派的帮助下，先后颁布几十条变法诏令。光绪新法的内容归纳起来有：在经济方面，保

谭嗣同

护农工商业,设立农工商局,修铁路,开矿山,设立全国邮政局,裁撤驿站,改革财政,编制国家预算等。在文教方面,改革科举制度,废八股,改试策论;设立学校,开办京师大学堂;设立译书局,翻译外国新书;允许自由创立报馆、学会;派人出国留学、游历。在军事方面:训练海陆军,陆军改练洋操,裁减旧军,以及推行保甲等。在政治方面,删改法规条例,裁汰冗员,取消闲散重叠的官僚机构,准许旗人自谋生计;广开言路,准许百姓向朝廷上书等。新法的颁布有利于中国资本主义的发展和西方科学技术的传播,以及资产阶级思想的传播。

然而,新法触犯了以慈禧太后为首的顽固派的利益,遭到他们的极力反对。6月15日,慈禧迫使光绪下令,免去赞助变法的户部尚书翁同龢的职务,任命亲信荣禄为直隶总督,统率北洋军队,控制北京和天津。同一天,慈禧还迫使光绪下令,授任新

康有为

梁启超

职的二品以上大臣,须到皇太后面前谢恩,借以把持用人大权。光绪也给予了反击,下令将抗拒变法的慈禧太后的亲信礼部尚书、侍郎怀塔布等六人全部罢官,同时破格提拔维新骨干谭嗣同、刘光第、杨锐、林旭等人以四品卿衔任军机处章京。慈禧对此怒火中烧,急派荣禄调兵遣将到京津一带,准备发动政变。由于维新党人和光绪皇帝既无群众支持,手中又无一兵一卒,情况十分危急。绝望之时,谭嗣同密访袁世凯,要他保护光绪帝。袁世凯表面答应,暗中向荣禄告密。

9月21日,慈禧太后等发动政变,囚禁了光绪帝。太后宣布"亲政",下令搜捕维新派,废除变法法令。康有为、梁启超事先得到消息,逃到国外。谭嗣同不愿逃走,慷慨表示甘为变法流血牺牲。不久,谭嗣同、刘光第、林旭、杨锐、杨深秀、康广仁被逮捕杀害。戊戌变法以失败告终。

《仁学》

　　谭嗣同立志变法图新,并为之献出了生命。他反对封建专制,认为"上权太重,民权尽失",但在行为上仍然是帮助皇帝变法,对皇帝存有幻想。这就是仁礼思想教育出来的中国知识分子的悲剧所在。

☆慈禧"垂帘听政"

　　在封建社会里,皇帝亲临金銮殿宝座处理政务大事。由于特殊情况,皇帝不能

慈禧

　　上朝亲政时,就由皇后或太后临朝听政。太后临朝的故事,最早是前汉高后,不过《汉书》上没有提到"垂帘"二字。至于太后在皇帝御座后面,用帘子遮挡的方式听政,则是从唐代武则天开始的。《旧唐书·高宗纪下》记载:"时帝(唐高宗)风疹,不能听朝,政事皆决于太后(武则天)……上每视朝,天后垂帘于御座后,政事大小,皆预闻之,内外称为'二圣'。"

　　至于为什么要"垂帘",是因为临朝听政当然要和群臣相见,可是从前生活习

故宫养心殿东暖阁

　　自雍正皇帝以后,这里就是皇帝召见大臣商议国家大事的场所。同治光绪时期,慈禧太后在此垂帘听政。届时,小皇帝坐在前面宝座上,慈禧太后坐在后面宝座上,中间垂一道黄色纱帘。

惯是男女有别,内外有别。皇后居中宫,主内治。在临朝听政时,须遵守内外有别的原则,所以就只好"垂帘"和群臣相见,宣谕、奏事都在隔帘情况下进行。这个内外有别的原则,不仅仅皇家如此,从前社会上也是这样的习惯。例如住宅有内外院之分,妇女

在家除和家里人以及至近亲戚(男)在内院相见之外，也不和男的来宾相见，家中男仆人到上房向女主人回事，须请女仆代言，如果女主人有所询问也是在室内说，男仆在室外回答，这都是以前生活中常见的。因此，可以这样说，听政要用"垂帘"的形式，不是孤立的现象，而是由于整个社会上都是内外有别、男女有别的风尚。清朝的慈禧太后也是从"垂帘听政"开始到最后执掌国家大权的。

☆义和团

义和团原来叫"义和拳"，是山东民间白莲教的一个支派，信神练功，后来，它就逐渐成为反帝斗争的一个群众组织。随着范围日益扩大，斗争日趋激烈，义和团在北方地区迅速掀起了声势浩大的反帝爱国运动，一直发展到京津地区。他们破坏铁道和电线，焚烧洋教堂，并直接发展成为反抗帝国主义的武装力量。在1900年五六月间，这种斗争达到了高潮。清朝政府怕得罪洋人，下令"剿办"。但义和团以暴风骤雨之势，胜利攻入天津、北京。这时，英、美、法、德等八个帝国联合派来侵略军，大举进攻中国。清政府惊慌失措，采取欺骗和利用的阴险手法，一边对帝国主义"宣战"，以迷惑民众，背后又密电各国使臣，向他们讲述"苦衷"，并保证将设法惩办"乱民"。

义和团高举反帝爱国旗帜，同侵略军展开英勇的斗争。他们使用的都是长矛、大刀、红缨枪等旧式武器，迎战由天津向北京进攻的入侵者，围攻东交民巷的外国使馆和西什库外国教堂。腐败的清政府从中破坏，使天津在7月陷落，8月，北京也被占领。清政府委派李鸿章向敌人求和，签订了卖国的《辛丑条约》。我国近代史上这场轰轰烈烈的农民革命运动失败了，但义和团却在斗争中显示了中国人民反抗侵略的决心和英雄气概。

义和团团民的装束

☆八国联军

爱国的义和团运动爆发后，各个帝国主义国家仇视中国人民的反抗斗争，于是，英国、美国、德国、日本、俄国、法国、意大利、奥地利八个国家乘机组成了"八国联军"，进行公开的武装干涉。侵略军于1900年8月14日攻入北京。这时，一贯欺

1900年的一张有关八国联军的明信片

图上8个身穿不同制服的外国士兵,正在围攻中国龙,8个士兵代表着英国、法国、德国、俄国、美国、奥地利、意大利、日本等8个侵略国家。

内媚外的封建统治者慈禧太后,改扮成农妇从西直门逃走了。平日作威作福的官僚们,有的逃散,逃不掉的也偷偷躲了起来,还有更无耻的官吏,帮着侵略者欺压人民。侵略军进城以后抢劫烧杀,无恶不作,皇宫府库里的珍贵文物被洗劫一空,许多珍贵历史文献被放火烧毁。他们屠杀百姓,奸污妇女,看到稍有形迹可疑的便指为义和团团民加以杀害。

在八国联军攻入北京之前,清政府就

侵华美军将校合影

派李鸿章前去求和。这年12月,除原来出兵的八国,又加上比利时、荷兰、西班牙三国,共同向清政府提出议和条件,于第二年正式签字。1901年是辛丑年,所以这个条约叫"辛丑条约"。该条约规定赔款白银九亿八千万两,拆毁北京至天津出海口的各个炮台,各国可在山海关至北京铁路沿线驻兵,禁止中国人民建立反抗帝国主义的各种组织等。从此,中国进一步沦为半殖民地,清朝政府实际上成了一个为各个帝国主义国家效劳的傀儡政权。

签订辛丑条约(前排右第二人为李鸿章)

☆ 邹容与陈天华

中国近代史上,有两位宣传家十分著名:一位是被喻为"革命军中马前卒"的邹容,还有一位是敲响"警世钟"的陈天华。

邹容是四川巴县人。他从小目睹满清政府的腐朽统治和帝国主义的侵略,产生了像谭嗣同等革命先辈一样走救国救民道路的愿望。1902年,邹容到日本留学,他经常参加集会,慷慨陈词,揭露满清政府的腐败,宣传革命道路。1903年5月,他写的

陈天华

《革命军》在上海出版，立刻就在海内外华人中造成了巨大的影响，成为清末传播最广泛的革命书刊。这本书用通俗的文字宣传资产阶级民主革命思想，号召人们起来革命，推翻清朝政府和"外来之恶魔"，建立一个"中华共和国"。邹容后来被清政府逮捕，病死在狱中，年仅 20 岁。

陈天华是湖南新化县人。戊戌变法失败后，陈天华去日本留学，探求革命道路。当沙皇俄国企图永远霸占东北三省的消息传来后，陈天华咬破手指写下血书，寄给国内各学校，表达他的悲愤之情。他还创办了《游学译编》《新湖南》等杂志介绍西方的民主思想和政治学说，鼓吹革命。他写了许多宣传革命的文章，如《猛回头》《警世钟》等，这些作品大多用白话文写成，通俗易懂，感情丰富真挚，在进步青年中流传甚广。1905 年，为了抗议日本政府取缔中国留学生的革命活动，唤起人们的斗志，陈天华在日本大森海湾投海而亡，时年 31 岁。

邹容遗著《革命军》

☆ "鉴湖女侠" —— 秋瑾

"鉴湖女侠"就是秋瑾。她是浙江绍兴人，绍兴有古时鉴湖的故址，她立志做一个铲除人间不平的豪杰，所以便给自己取了这个别号。秋瑾从小聪明好学，性格豪爽，喜欢填词作诗，又爱骑马击剑，是个文武双全的名门闺秀。她生长在灾难深重的年代，目睹八国联军侵华的暴行，看到国内政治腐败，社会黑暗，决心投身于推翻清朝政府的斗争中。

1904 年，秋瑾 24 岁。为了寻找救国真理，她不顾丈夫的阻挠和反对，毅然抛弃优裕的家庭生活，冲破家庭的樊笼，东渡日本留学。秋瑾在日本认识了孙中山，加入同盟会，积极参加革命活动。回国后创办《中国女报》，宣传妇女解放。后又回到故乡，主持大通学堂校务，她常常身着男装，骑马指挥学生进行军事训练，并与徐锡麟等组织光复军，策划起义。不幸机密泄露，起义失败，徐锡麟壮烈牺牲，秋瑾也被逮捕。经受了严刑拷打，秋瑾坚贞不屈。敌人逼她招供，拿来笔墨纸。她望着凄风苦雨，想到阴云笼罩下的祖国，便挥笔疾书"秋风秋雨愁煞人"七个大字，表现出她的悲愤心

秋瑾

情。1907年7月15日，秋瑾就义于绍兴轩亭口，年仅28岁。

☆黄兴——杰出的革命军统帅

黄兴是同盟会重要领袖，很有军事才能，在革命党人中具有很高的威信。黄兴1874年出生在湖南长沙，他从小就立下了救国救民的志向。从日本留学回国后，黄兴组织创立了华兴会，他担任会长，准备在湖南起义，然后"直捣幽燕，驱除鞑虏。"起

黄兴

义失败后，黄兴来到日本，结识了孙中山，把华兴会与其他革命组织合并，组成了中国同盟会。孙中山被推选为总理，黄兴担任庶务，地位仅次于孙中山。1911年，同盟会在广州发动了一次大规模的起义，黄兴亲自率领100多人，一手拿刀，一手拿枪，攻打总督衙门，可是由于寡不敌众，起义失败了。人们把72位死难烈士合葬一处，后称"黄花岗七十二烈士墓"。在武昌战役中，黄兴担任了战时总司令，和清军战斗一个多月，牵制了清军兵力，为全国其他地方的革命起义赢得了时间。中华民国成立后，黄兴担任陆军总长，积极支持孙中山，表现了宽阔的胸襟，他在中国近代民主革命史上占有重要的地位。

☆孙中山创建民国

1894 年 11 月,在美国夏威夷州的檀香山,有20多个华侨青年常聚集在一起议论国家大事。这天,他们听着刚从国内来

孙中山

的孙文讲甲午战争的失败情况,都痛恨日本侵略者的凶残和清朝政府的腐败无能……他们决心采取行动,组织起秘密的革命团体,准备进一步开展反清救国斗争。这个团体就是"兴中会",创始人孙文也就是孙中山。

兴中会成立后,先后发动了广州起义、惠州起义,但都失败了。1905年,孙中山、黄兴、蔡元培把兴中会、光复会和华兴会等联合起来,组成中国同盟会,孙中山被推选为总理,并通过了"驱除鞑虏,恢复中华,创立民国,平均地权"的政纲和提倡民族、民权、民生的"三民主义"。他们创办《民报》,以后又发动过多次起义,虽然都没有获得成功,但却鼓舞起了全国人民反清救国的斗争热情。

1911 年 10 月 10 日,革命党人又在武昌发动起义,这场斗争得到了革命官兵和广大群众的热烈响应,各省纷纷宣布独立,清朝政府终于被推翻了,在我国延续了两千多年的封建帝制宣告结束,代之而起的是共和制的"中华民国"。孙中山被推选为中华民国临时大总统。

平均地权 创立民国 恢复中华 驱除鞑虏

孙中山手书同盟会纲领

大总统誓词

☆辛亥革命第一枪

1911年10月10日，武昌革命官兵首举义旗，打响了辛亥革命的第一枪。

1911年9月24日，湖北的革命团体文学社和共进会联合组成领导起义的机构，定于10月11日举事。可是10月9日，革命党人在汉口制造炸弹，不慎暴露。清朝湖广总督下令大肆搜捕，起义指挥机关遭到破坏，革命党30余人被捕。

由于形势紧迫，起义指挥部决定提前在9日晚12时发动起义。但因命令没能下达，发动未成。

10月10日清晨，总督命令继续搜捕

武昌起义军政府旧址

革命党人。新军工程第八营总代表熊秉坤闻听情况紧迫，便当机立断，召集起义的骨干们开会，商定当晚7点钟动手。

将近晚7点的时候，工程营第二排排长陶启胜出来查哨。因为这个家伙异常反动，所以起义之事未让他知道。他来到本排营房时，见士兵们情绪振奋，跃跃欲试的样子，不禁满腹狐疑。于是他溜到正在擦拭枪械的士兵金兆龙、程正瀛身旁，厉声斥问道："你们图谋不轨，要造反吗？"又凶神恶煞地扑向金兆龙。金兆龙猝不及防，被扭翻在地。程正瀛一看情势危急，大喝一声："住手！"随即一扣扳机，向陶启胜打了一枪。这一枪没有命中，陶启胜慌忙跳墙遁去。金兆龙纵身而起，高举着步枪喊道："反了吧！"就这样，一枪开始了具有伟大历史意义的武昌大起义。经过一个通宵的殊死拼搏，革命军占领了武昌。接着，不可阻遏的革命浪潮，以排山倒海之势，席卷全国。

☆做了83天皇帝的袁世凯

在中国近代史上，有一个仅做了83天皇帝，就在亿万人民大众的声讨和唾骂声中被迫下台的人，他就是被后人称为窃国大盗的袁世凯。

袁世凯是河南项城人，曾长期追随李鸿章，不断受到李鸿章的提携。1897年清政府委任他为直隶按察使，训练新军。在戊戌变法期间，他伪装赞成变法，在骗取变

袁世凯

袁世凯掌权以后，立即抛弃了倾向革命派的虚伪的面目，与日本政府签订了丧权辱国的21条。在日本政府支持下，他暗杀了国民党领袖之一宋教仁，镇压了由黄兴、李烈钧等领导的江西等四省联合发动的讨袁革命。在得到帝国主义支持和镇压了国民党人的反抗以后，袁世凯已不满足于大总统的职务，开始垂涎封建皇帝的宝座。他先是将大总统无限期连任，又鼓动一部分亲信大造舆论，散布"共和制度不

法派的信任以后，又向慈禧太后告密，血腥镇压了变法。武昌起义以后，他以镇压起义为由，控制了清政府大权。他一面从军事上进攻武昌革命军，另一方面又与领导武昌起义的同盟会进行谈判，并以迫使清帝退位为条件取得了同盟会部分上层人物对他的好感。孙中山对袁世凯的野心一时也没有看清。1912年2月孙中山向南京临时政府参议院提出辞去临时大总统职务，并推荐袁世凯为大总统。

蔡锷（中）

袁林在河南安阳，是袁世凯墓葬所在地

适于中国""君主实较民主为优"，要求变民主政体为君主政体，继而又让亲信在各地选出"国民代表"，举行"国体投票"，一致拥戴袁世凯为"中华帝国皇帝"。袁世凯欣然表示同意，接受百官朝贺，大加封赏。他下令从1916年起取消中华民国年号，改为"洪宪元年"，准备正式登上皇帝宝座。

袁世凯的称帝复辟活动遭到了全国

75

人民的强烈反对。以梁启超为首的进步党人公开宣布与袁世凯决裂,蔡锷、唐继尧、李烈钧等将领联合宣布云南独立,并组织护国军,通电讨袁,贵州、广西、广东、浙江、四川、湖南等省也相继独立。北洋军阀内部也出现了分化。袁世凯的两员心腹大将段祺瑞和冯国璋在举国一致的讨袁声中,也联合要求取消帝制,甚至连袁世凯最信任的忠实鹰犬四川将军陈宧、湖南将军汤芗铭也表示与袁决裂。在众叛亲离的状况下,袁世凯既无力镇压护国军,又难以维护自己的帝位,被迫于1916年3月22日取消帝制,并废止"洪宪"年号,他仅做了83天的皇帝。下台后的袁世凯仍要做大总统,但护国军和各阶层坚决要他下台,并宣布他为"民族罪人"。袁世凯在人民群众一片声讨声中一病不起,于6月6日结束了自己的一生。

东三省独立时的张作霖

的军阀集团称为"北洋军阀"。

袁世凯死后,北洋军阀在帝国主义分别收买下,开始分裂,直系、皖系、奉系是较大的三派。直系军阀首领是冯国璋、曹锟、吴佩孚等,他们主张投靠英、美帝国主义。皖系军阀首领是段祺瑞,奉系军阀首领是张作霖,皖系、奉系都是投靠日本帝国主义的。此外还有大大小小的军阀派系。

☆ 北洋军阀

清朝时候,奉天(今辽宁省)、直隶(今河北省)、山东这些沿海省份通称北洋。清朝政府负责管理这个地区对外通商和外交事务的官员叫北洋大臣。

袁世凯当过直隶总督兼北洋大臣,他控制的那部分陆军被称为"北洋常备军",简称"北洋军"。人们把以袁世凯为头子

军阀混战漫画

世界历史

SHI JIE LI SHI

☆古代埃及

尼罗河是埃及的生命之河，没有它，古代埃及将是一片荒凉的沙漠。因为埃及极其干燥，根本不适宜耕种或生活。古埃及人依靠尼罗河供给饮用水和灌溉土地，尼罗河每年泛滥一次，它两岸的淤泥也因此变得非常肥沃。

埃及的农民种植小麦和燕麦（做面包和啤酒）、亚麻（织亚麻布）、水果和蔬菜。他们还饲养牛、绵羊和山羊。希腊历史学家希罗多德把埃及称作"尼罗河的礼物"，可见尼罗河对于埃及的重要性。

古代埃及最早的村庄出现在大约7000年前。在那个时候，这些小的定居点形成了两个王国：尼罗河三角洲的下埃

古埃及军队作战情形

和尼罗河流域的上埃及。上埃及的统治者美尼斯统一了这两个王国，定都于孟斐斯。美尼斯建立了第一王朝——古代埃及。国王是古代埃及最有权势的人，被认为是何露斯在人间的化身，人们都很崇拜他。从公元前约1554年开始，国王被尊称为法老。法老一词来源于埃及语，意思是"大房子"。为了保持皇家血统的纯正，法老通常只与近亲如他的姐妹或有血缘关系的姐妹通婚。法老通常任命两个维西尔即宰相帮助他统治国家和征税，国家被划分成了42个州，由州长代表国王统治。再下面还有掌管国家财政、皇家工程（监督金字塔和其他工程的修建）、粮仓、家畜和外交等部门的官员。埃及生活的方方面面都在法老的统治之下。

古埃及壁画《沼泽捕猎图》

猎人让训练有素的猎猫出击，让纸莎草丛中的鸟惊飞起来，再投矛袭击。

埃及母狮女神塑像

☆ 腓尼基人

腓尼基人是古代最伟大的商人和航海家。他们居住在地中海东岸（现在的叙利亚、黎巴嫩和以色列的一部分）。他们在约公元前1500年时建立了当时最伟大的港口城市蒂尔和西顿。这两个城市成为腓尼基四通八达的商贸中心。

腓尼基人的足迹遍及整个地中海，向西他们甚至到了英国，向南到了非洲海岸。他们主要做玻璃器皿、木材、雪松油、紫色染布和象牙生意。他们在返回时带回银、铜和锡。雪松木和油是他们出口商品中最贵重的（据说用于建耶路撒冷所罗门庙的木材就来自蒂尔）。腓尼基人就是以蒂尔最著名的出口产品———一种以贝壳为原料制成的紫红色染料而命名的，这种染料在希腊语中叫腓尼。

一些腓尼基商人还在许多大城市建

埃及人的信仰

古埃及人坚信人死后可以复生。他们认为一个人死后，其灵魂会在另一个叫做冥界的地方游荡。在那里，为了在来生过上更好的生活，灵魂会通过一系列的考验。

最大的考验是来自冥神奥西里斯。在这里，人心要用真理羽毛去称。如果一个人生前过着邪恶的生活，他的心就偏重，天秤会失去平衡，然后他就会被拿去喂一个可怕的怪兽。如果一个人生活检点，他的心脏就会很轻，正好与羽毛的重量保持平衡，那这个人就会在冥界中得以超生。

古埃及人认为要使死者得以永生，就要在他死后将尸体完好地保存起来。古埃及人发现了保存尸体的方法：通过防腐和干燥把尸体制成木乃伊。他们先把身体的内部器官取出，然后使尸体干燥，再用麻布把身体裹起来放进棺材里。动物的尸体也用这样的方法保存。

腓尼基人杰出的军事将领汉尼拔

立了商贸殖民地,如非洲北部的海滨城市迦太基(现在的突尼斯)。迦太基在约公元前814年建成,它一直是地中海西部的强国,甚至在被腓尼基占领以后的很长一段时间里仍保持强盛。腓尼基人成功的秘诀在于他们高超的航海技术。他们用松木作原料做成各种大船:狭长而快速的战船,宽而结实的商船。储藏在泥罐中的货物被小心地捆扎起来放在甲板下。船的龙骨很重。船既用船桨又用船帆,这样就增强了灵活性和速度。即使没有精确的地图和海图,腓尼基人——这些专业的航海家,凭借风和星星也能找到方向。他们于是声名大振。埃及法老尼古二世在公元前600年决定派遣一支探险队去非洲时,他招募了一支由腓尼基人和迦太基人组成的舰队来实施他的计划。据说探险队花了3年的时间完成了任务。

☆古代美洲

从约公元前1200年开始,古代美洲的两个伟大文明——墨西哥西部奥尔梅克文明和沿秘鲁北部海岸的查文文明诞生了。他们的祖先在几千年前越过白令海峡从亚洲来到美洲。开始时,他们过着游牧打猎的生活,后来他们慢慢定居下来,并开始捕鱼耕种。

奥尔梅克文明起源于约公元前1500年的墨西哥湾周围的小村庄。拉本塔是奥尔梅克文化的主要中心,位于一个靠近海岸的岛上。奥尔梅克人为宗教活动修建了金字塔式台庙,用石头、玉和陶制作了成百上千件雕像、雕刻作品。被发现的雕像和面具中有半人半虎的形象,显示了他们对威力巨大的神的崇拜。奥尔梅克还发展了文字,对这一地区后来的文化影响很大。

查文文明起源于约公元前1200年的秘鲁,持续了大约1000年。查文人崇拜美洲虎、鹰和蟒蛇。他们的文化对整个秘鲁影响很大。

奥尔梅克的巨石头像

☆ 亚 述 国

亚述人最早居住在底格里斯河附近的一小片陆地上（现在的伊拉克北部）。在很长的一段时间内，他一直受到他们强大的领国苏美尔人和阿卡德人的统治。大约在公元前2000年，亚述人获得独立。他们的几任国王都非常好战，在他们的领导之下，亚述成为一个强大的帝国，并在新亚述帝国时期达到鼎盛（约前1000～前612）。

亚述人凶悍无畏。他们用武力去征服和统治，丝毫没有怜悯之心。他们的军队庞大，组织有序，训练有素，装备精良。他们的士兵刚开始只是一些农民，他们在没有农活可干时就来参加战斗。后来，亚述人就建立了一支拥有几千人的正式军队，他们之中有很多人是战争中的俘虏。亚述国王要求被征服地区的人民每年都要向他进贡。如果一个城市拒绝进贡，那它就要受到无情的惩罚：城市被毁，人民被毒打或被驱逐成为奴隶。到公元前612年，亚述帝国因国土过大难以统治而落入了入侵的米底和巴比伦人手中。

亚述国王认为他们是由神灵亲自挑选出来的。他们赋予了自己一个野心勃勃的头衔：天下之王。国王领导政府和军队，掌管神庙和祭祀。为了显示他们的财富和权势，国王们修建了气势宏伟的城市和王宫。亚述最早在阿淑尔建都，以亚述人崇拜的主神的名字命名。国王亚述纳西拔二世（前883～前859）更喜欢建在尼姆鲁德的王宫。王宫墙上刻有装饰浮雕，主题是国王征服敌人，同时也表现了一些日常生活的场景。石头巨兽守卫着王宫，这些巨兽面部像人，有胡子，长着牛身或狮身，带翅膀。亚述最后的统治者，伟大的亚述巴尼颇将首都建在尼尼微。

亚述浮雕

☆ 汉谟拉比法典

在举世闻名的法国巴黎卢浮宫博物馆内，陈列着一部距今约4000年的法典，这就是《汉谟拉比法典》。它刻在一根高2.25米、底圆周1.9米的椭圆形的黑色大石柱上，所以又称《石头法》。这部法典是公元前18世纪由古代四大文明古国之一的古巴比伦王国国王汉谟拉比主持制定的，1901年被法国和伊朗组建的联合考古队在伊朗境内发现。

汉谟拉比是古巴比伦王国的第六代国王，他在位时是古巴比伦最强盛的时期。汉谟拉比用了35年的时间统一了两河流域（今天伊拉克境内的底里斯河和幼发拉底河流域），建立了一个强大的奴隶制帝国。为了保护奴隶主阶级的利益和巩固政权，汉谟拉比从执政第二年起就开始制定法典，最

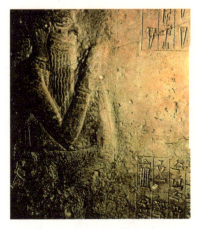

汉谟拉比法典（局部）

终完成了这部法律史上的经典之作。

汉谟拉比法典对奴隶社会的阶级关系和经济关系作了全面系统的法律规定，内容包括司法审判、盗窃财产、伤害处罚、婚姻家庭、职业报酬，以及各种不动产的占有、继承、转让、租赁、抵押的权利和义务的规定和关于借贷、经商、债权的规定，特别是对奴隶问题制定了严格的法律规范。总之，法典内容几乎涉及到了所有立法领域，是迄今所发现的人类历史上第一部比较完备的法典。

《法典》对奴隶制度的原则作出了详细的法律规定。例如，《法典》规定奴隶主可以任意出卖奴隶，转让和抵押奴隶；被抓到的逃亡奴隶应归还原来的奴隶主，抓获逃亡奴隶的自由民要受到奖励，窝藏逃亡奴隶的要被处死；理发师若剃去奴隶头上

汉谟拉比法典(局部)

的标志要被截断手指；奴隶如果不服从主人的命令，奴隶主可以割去他的耳朵；如果有人伤害了奴隶的眼睛或骨头，只需要赔偿其一半的价钱；奴隶的身价相当于一头牛的价格。

另外，《法典》还对奴隶社会的法权关系作了规定。例如，《法典》规定，农民租种果园要交纳收成的2/3，租种土地要交纳收成的1/2。高利贷的利息，放谷物的按1/3取息，放银子的按1/5计息；借债要有人质，如果人质原来就是奴隶，债主可以将其任意转卖，如果人质是自由民，要为债主服役3年，这也就是债务奴隶。

总之，《汉谟拉比法典》反映出了古代巴比伦人高超的立法水平。它在许多方面比许多较晚的古代法典还要全面，从精密度看，也大大超过了古罗马的《十二铜表法》。

☆ 巴 比 伦

巴比伦最初在国王汉谟拉比（前1792～前1750）的统治下逐步强大起来。在这之前，巴比伦只是分布在美索不达米亚的一些小王国。汉谟拉比征服了许多王国，扩大了巴比伦的版图，并将苏美尔和阿卡德包括其中。巴比伦城中有许多宏伟的庙宇和宫殿，成为新帝国的首都。

汉谟拉比是一位公正而善于外交的统治者。他的著名法典《汉谟拉比法典》

古巴比伦塑像——乞求者

是现存最古老的法典。法典被记录在陶碑及石柱上以便让所有的人看到。在他死后，巴比伦开始衰败，先后遭到赫梯人、喀西特人、迦勒底人和亚述人的入侵。亚述国王辛那克里布在公元前689年捣毁巴比伦城。但在公元前6世纪，国王尼布甲尼撒二世在位期间，巴比伦重整当日雄风。这位国王征服了巨大的帝国，他大兴土木，修建了古代最繁华、最壮观的城市。巴比伦在公元前539年最终被波斯人所灭，成为强大的波斯帝国的一部分。

巴比伦，这座令人景仰的城市，坐落在幼发拉底河的两岸（靠近今伊拉克）。作为巴比伦帝国的首都，它还是一个主要的商业中心，更是巴比伦城守护神马尔杜克的宗教中心。事实上，巴比伦的意思就是"神之门"的意思。尼布甲尼撒二世重建该城，使其变得宏伟壮观。巴比伦城墙高大，有的地方甚至厚达26米。它共有8

空中花园复原图

　　巴比伦的空中花园是世界七大奇迹之一。传说尼布甲尼撒二世的波斯妻子阿米提丝思念家乡的青山,国王就在靠近她王宫的地方修建了屋顶花园,并在园内种植奇花异草。

个巨大的青铜门。巴比伦城的正门伊丝塔尔门,面对连接城内马尔杜克神庙和城外重要宗教点的游行大街。每逢新年,神的塑像都要摆在街道两旁并穿过城门,同时人们还要讲述关于马尔杜克平定混乱的故事。尼布甲尼撒二世还在伊丝塔尔门和幼发拉底河之间修建了一座令人叹为观止的宫殿。宫殿有5个院落,被称为"人类奇迹"。

☆古代希腊

　　约公元前800年,希腊文明开始崛起,它改变了古代世界,它的影响甚至一直延续到了今天。古代希腊由一些小的独立城邦组成。每一个城邦都拥有自己的政府和法律制度。雅典和斯巴达是两个最重要的城邦。

　　大多数的城邦是在一群富有的贵族即寡头组织的统治之下。人们对统治阶级的不满导致了变革。绝对的统治者,又称为独裁者,接受任命并开始恢复法律和秩序。约公元前508年,雅典引进了一种新型政府——民主政治,意为"由人民统治",它赋予城市男性公民对城市运作的发言权。许多现代国家至今还把这种形式作为它们政府的基础。

　　希腊的古典时期(希腊文化的鼎盛时期)从约公元前500年一直持续到前336年。在这一时期,希腊卷入了两场大的战争——与波斯的一系列战争(前490~前

宙斯

　　宙斯是众神之王,古希腊人最崇拜的神。

449)和伯罗奔尼撒战争(前431~前404)。波斯人在公元前490年入侵希腊,希腊城邦联合起来共同反抗入侵者,并成功地打败了波斯人。其中最著名的一场战役发生在公元前490年的马拉松。一个叫菲迪皮德斯的信使跑了40千米将希腊胜利的消息送回雅典,马拉松比赛由此诞生了。但是希腊刚刚获得的安全并没有持续很长时

梭伦像

间。雅典与斯巴达之间的关系开始恶化，公元前431年，它们之间爆发了战争。伯罗奔尼撒战争持续了27年，国家因此而四分五裂。

在斯巴达人包围雅典之后，雅典人饥饿难耐，被迫屈服。公元前404年，雅典被迫投降。雅典从此没有从它的失败中恢复过来。

斯巴达人的生活与雅典人截然不同。他们生活的目的是训练斯巴达人成为无畏

波斯人的战车

的战士，随时保卫斯巴达，以免遭受外敌入侵，同时控制本国的人口。每一个斯巴达的男人都要为战争而训练。男孩子从7岁开始就被送到军营。在那里，严格的纪律和艰苦的条件使他们成为希腊最凶悍的斗士。女孩子们也可以参加体育活动，以便让她们变得强壮和健康。但希腊其他地方的人却对斯巴达人的做法嗤之以鼻。

☆世界最早的民主制度

古希腊是西方奴隶社会时代的开端，是西方政治思想的发祥地，雅典则是希腊众多城邦中突出的一个。雅典位于希腊东南部的阿提卡，这个地区是个环爱琴海的海湾半岛，面积2000多平方千米，离海不远的冈岩上有个卫城，雅典城即建于此。雅典土质贫瘠，雨量不丰，气候条件较差，农业不很发达。但面对宽阔的大海，可以从事航运与商业，因此产生了许多商人。商品经济也对政治思想的形成、发展产生了间接影响，雅典以其民主政体饮誉古代世界。

雅典原在爱奥尼亚国王统治下，由于贵族专横，人民负担很重，许多人因负债而变成奴隶，于是有梭伦（前594）及其后继者的改革，他们颁布宪法，使雅典逐渐走上民主政治的道路。公元前5世纪，雅典的社会制度完全确立，阿提卡居民被分为公民、外侨、奴隶三种人。

雅典的公民可以参与民主政治生活，所有公民之间，权利与机会均等，有选举、被选举权，其主要责任就是从政与作战。在雅典的权力机构中，公民大会是最高权力机关，凡年满20岁的男性公民都可参加公民大会，并在会上发言、选举、投票，以制定法律、讨论决定国家大事、选举一切官吏。公民大会的常设机构"五百人会议"，其代表是由10个按地域划分的部落中各选出的50名代表组成。会议公开举行，所有公民均可参加旁听。"五百人会议"主要为公民大会准备议案，执行公民大会决议，管理财政与接待外国使节等，实际上起着雅典政府的作用。雅典当时还设立了民众法庭，也叫陪审法庭。它比现代西方陪审团的规模要大得多。由各个地域部落选举出的600名代表组成。民众法庭可就每项罪案进行表决。另一个同样拥有司法权的机构是元老院，又称贵族会议，是

伯利克里雕像

由卸任的执政官组成。元老院起初权力很大，但经梭伦、克利斯提尼、伯里克利改革后，权限日益缩小，而公民大会则成为真正的国家最高权力机关。

当时领导雅典军队的是由选举产生的"十将军委员会"，这些将军可连选连任。另外，当时雅典还有9名执政官，其中6人为司法官，另外3人负责祭祀、节日等事务。上述各机关任职人员皆可得到来自关税、国有矿山收入、盟邦贡赋等的国家津贴，以便他们悉心为全体公民利益服务。雅典民主制最大的特点就在于直接民主，公民可直接参与政治生活。它的传统一直影响到后世。即使就当时而言，雅典民主制仍有局限性。因为获得雅典公民资格的要求极严，必须父母双方都是雅典人，奴隶、妇女、外侨都被排除在外。而雅典男性公民仅占总人口的1/7不到，因此，它的民主政治范围是极其狭隘的。

图绘雅典公民大会场景

☆希腊文化

在2000多年以前，当希腊成为罗马帝国的一部分之后，希腊文明也随之结束。但是希腊文明在政治、哲学、艺术、建筑、语言和文学上对罗马文化产生了巨大的影响，而且这种影响至今还能感觉到。我们现在使用的语言、科学和艺术上的许多观点都来自于古希腊。

古希腊人中有许多都是伟大的学者、思想家和教育家。最初，他们用神话故事来回答生活和自然中的问题。后来，他们开始寻找一种更切合实际和更科学的方法来感知他们周围的世界。这样的学者就是我们所说的哲学家，意思是热爱知识的人。他们研究生活的各个方面。

在希腊人的生活中，戏剧和体育占有非常重要的位置。希腊的戏剧与酒神狄俄尼索斯有关。在每年的酒神节，一支由男人组成的合唱队都要唱歌跳舞以示庆祝。

希腊戏剧就是由此发展而来的。起初他们只是在市场上表演，后来希腊各地修建了许多的露天剧院。

体育不仅是一种娱乐活动，而且能够让人们为战争而保持健壮的体魄。运动员可以参加许多的体育赛事，有地区性的，也有全国性的。其中历史最悠久也是最著名的就是为纪念宙斯而每四年举行一次的奥林匹克运动会。在举行运动会的五天时间里，各城邦之间达成休战协议，以便让运动员安全通过，到达奥林匹克。运动员在运动会的前几个月就开始训练。比赛纪律严明，如有犯规，就会受到严厉的惩罚。但是对于胜利者来说，这一切却都是值得的。虽然奖品只是一个用圣树枝子做成的橄榄王冠，可在家乡等待他们的却是英雄般的欢迎仪式、英雄的名声和相应的财富。

古希腊哲学家苏格拉底塑像

☆亚历山大大帝

在伯罗奔尼撒战争之后，希腊陷入了分裂状态。在分裂和混乱中，希腊西北部的马其顿的悄悄崛起并没有引起人们的关注。马其顿利用形势之便控制了希腊。

公元前359年，腓力二世当权，他统一并扩张了王国，重新组织了军队，并将马其顿改造成当时最强大的军队。在公元前

亚里士多德

亚历山大一世少年时曾拜希腊哲学家亚里士多德为师。

338年的喀罗尼亚战争中，腓力的军队控制了希腊，把希腊人和马其顿人联合起来共同反对强大的波斯人。公元前336年，腓力遭暗杀。他的20岁的儿子亚历山大继承了王位。作为领袖和将军，亚历山大比他的父亲更加杰出，亚历山大仅花了13年的时间就建立了一个巨大的帝国，从西部的希腊一直到东部的印度。这是古代历史上最大的帝国之一，并将希腊文化传播到更远的地方。

公元前334年，亚历山大率领他的军队与波斯人开战。战争的目的不仅是要攻占他们的地盘，而且要掠夺他们的财宝来补充自己的国库。公元前333年，他在伊苏斯一战中打败了波斯国王大流士三世。公元前331年之前，他已经攻占了整个波斯帝国，并成为波斯国王。为了加强两个民族之间的联系，亚历山大让波斯人进入他的政府，他还穿波斯人的服装，并与一位波斯公主罗克珊结婚。亚历山大继续入侵印度，在海达斯佩斯河一战中打败波拉斯国王。这是他最后的一次远征。他的军队精疲力尽，拒绝继续前行，亚历山大被迫撤回巴比伦。公元前323年，年仅32岁的亚历山大因高烧死于巴比伦，在他死后，他的将军为争夺王位展开斗争，并最终导致了帝国的分裂。

☆ 罗马社会

罗马帝国是公元3世纪前后欧洲最强盛的帝国。它的扩展和成功令人感到不可思议，这在很大程度上要归功于它的军队。罗马帝国拥有当时装备最为精良，训练最为有素的军队。

罗马军队在其组建之初只是为了保卫罗马城，它其中的士兵大多数都是志愿兵。后来身为大将军及执政官的马略（前

凯撒时代的罗马士兵

凯撒塑像

157～前86)重新组建了军队,将其改造成了一支纪律性更强、效率更高的战斗力量。他给士兵发放军饷,参军时间可长达20～25年。对于许多有着良好家庭背景的青年,军队为他们将来辉煌的政治生涯提供了一个基础。

古罗马社会各阶层人

普通的士兵以军团为单位分成了组,每一个军团由大约5000人组成。军团又被分成了更小的单位,由80人组成的百人队,由百人队队长指挥。这支训练有素的罗马军队,在饰有银鹰标志的旗帜指引下

冲向战场的情景,确实让罗马的宿敌胆战心惊。

罗马社会分为罗马公民和非罗马公民。罗马公民又分为三个等级:最富有和最有权势的贵族阶层、富有的商人组成的骑士阶层和普通市民或平民组成的平民阶层。所有的罗马公民都享有投票权,可以参军。他们还可以穿宽松长袍。非罗马公民则包括那些居住在外省的罗马管辖范围之内的人和奴隶,奴隶没有权利也没有地位,他们属于富有的市民或政府。奴隶做着最艰苦、最肮脏但又是罗马帝国离不了的工作。大多数奴隶遭受非人的待遇,而有的却待遇良好,甚至可以得到工资,这样他们最终就可以买回他们的自由。大多数的上层罗马人都投身政界或参军。贫穷一些的罗马人就做农民,或者开店铺、充当手工艺人。奴隶则从事最艰苦的体力劳动,如建筑、采矿等。

☆基督教起源

基督教最初作为犹太教的一个派别,公元1世纪开始出现于巴勒斯坦的犹太人中间,后来在叙利亚和埃及一带传播开来。犹太民族是一个多灾多难的民族,历史上的埃及人、亚述人、波斯人、希腊－马其顿人、罗马人,还有后来的阿拉伯人、欧洲十字军、土耳其人以及20世纪的德国人,都征服、迫害过犹太人。罗马共和国

末期,庞培曾在耶路撒冷屠杀1.2万名犹太人。公元前51年,犹太人发动反对罗马统治的民族大起义,结果又有3万名犹太人被卖为奴隶。然而,犹太民族是个不屈不挠、生命力极强的民族,他们争取民族解放的斗争从未停止过。公元6年和公元66年先后爆发了两次犹太人武装起义,起义失败后,被俘的战义者全被钉死在十字架上。激烈的民族矛盾通过犹太人的宗教意识反映出来,从而促进了许多新教派的产生。这就是基督教兴起的历史背景。

传说基督教的创立者是基督耶稣,他的基本教义被称为"三位一体"学说:上帝是圣父,耶稣是圣子,圣灵是上帝的"道"。根据基督教《新约全书》的说法,上帝降圣灵于圣母玛利亚,玛利亚不婚而

基督教的标志——十字架

孕,在耶路撒冷附近伯利恒的一个马棚里生下耶稣,他就是犹太人早先所预言的救世主。"救世主"是希伯来语"弥赛亚"一词的意译,古希腊语读作"基督"。所以,基督成为耶稣的称号,称耶稣基督或基督耶稣。耶稣是上帝的儿子,他降临人世间,在巴勒斯坦地区传教,并收了12个门徒。耶稣说一切忍受苦难的人死后都会升入天堂,而富人和剥削者升入天堂比骆驼穿针眼还难。耶稣的传教活动引起罗马总督和犹太上层分子的恐慌,为此他受到亵渎上帝和自立为"犹太人君主"的指控。罗马人逮捕耶稣,把他钉死在十字架上,因此十字架后来就成基督教的标志。据说耶稣死后3天又复活,40天后升天,而且他还要重新降临人间,拯救人类。

犹太人盼望通过上帝的干预,摆脱异教徒罗马人的统治,使犹太民族获得拯救。基督教最先在犹太下层群众中出现,正如恩格斯所指出的那样:"它最初是奴隶和被

耶稣基督复活(油画)

释放的奴隶、穷人以及无权者、被罗马征服或驱散的人们的宗教。"早在基督教产生之前的一二百年间，犹太下层居民中就开始流行一种笃信救世主的秘密教派，他们宣传救世主观念，相信上帝耶和华将派救世主把受苦受难的人们从奴役、贫困中拯救出来。在小亚细亚各地的犹太人中，还有许多传教的"先知"，宣扬关于救世主的观念。基督教大概就是从这些教派中形成的。基督教的经典是《圣经》。

基督教产生后得到了迅速传播。它从非法宗教发展到公元4世纪时的合法宗教，再发展为罗马帝国国教，其中原因之一就是基督教是一种混合物，具有普遍性和包容性。基督教继承了犹太教的救世主和一神思想，吸收了埃及、伊朗等东方国家的宗教思想，以及希腊人和罗马人的哲学思想。同时，它吸收教徒不分种族、民族，不分财产状况，传播平等、博爱的思想，这都为它后来发展成为世界性宗教奠定了广泛的社会基础和思想基础。

☆ 印度帝国

约公元前321年，一个年轻的王子旃陀罗笈多建立了一个横跨印度北部的帝国，它西起兴都库什山脉东至孟加拉。这就是最初的印度帝国。

旃陀罗笈多的孙子阿育王在公元前268年继位，将帝国的版图进一步扩大，直

阿育王像

至将印度的绝大部分都囊括在孔雀王朝的版图之内。公元前260年，阿育王的军队与印度东部的羯陵伽人交战，战斗异常激烈。阿育王亲眼目睹杀人流血场面，感到异常厌恶，内心充满悔恨。他皈依佛教，并发誓从此遵从和平和非暴力教义。阿育王游历整个帝国，倾听人民的意见和不满，尽力改善他们的命运，这对于一个皇帝来说是非同寻常的。他还把布告刻在柱子上，并派出官员宣扬宗教的忍耐、尊重他人的和平精神。

孔雀王国在公元前187年灭亡。印度分裂成了几个小的独立国家和王国。

320年，恒河流域的摩揭陀王国的统治者旃陀罗·笈多一世将他的王国扩大。为了提高他的地位和权势，他与一位显赫的皇家公主结婚。在随后的200年时间里，笈多王朝统治了印度北部。旃陀罗笈多的儿子，笈多王朝的继承人沙摩陀罗笈多，进一步扩大了他父亲统治时期王国的版图，并加强了贸易联系。旃陀罗笈多二世是笈多王朝最伟大的国王，在他的统治下，印度

孔雀王朝时期的石狮柱

进入它的黄金时期。

在笈多王朝时代，文学、艺术、科学、医学和数学都非常发达。皇室邀请当时最著名的诗人和艺术家来宫廷做客，印度教代替了佛教成为帝国主要的宗教，并修建了许多新的庙宇和神殿。神圣经典语言梵语成为印度的宫廷语言。

☆ 拜占廷帝国

在500多年的时间里，古罗马帝国的疆域逐渐扩大，它独特的生活方式也延伸到这些地方。476年，帝国的西部陷落到入侵的日耳曼部族手中。但是，东半部还在罗马人的控制下，帝国建都拜占廷，史称东罗马帝国或拜占廷帝国。

古希腊港口城市拜占廷（如今是土耳其的伊斯坦布尔）是东罗马帝国的中心。罗马人以东罗马帝国第一位皇帝的名字君士坦丁命名这个城市为君士坦丁堡。该城市成了东罗马帝国历任皇帝的建都宝地，同时成为东正教的中心。拜占廷帝国保留着古希腊和古罗马的文化和学术。拜占廷人特别推崇诗歌、音乐和艺术。他们的教堂里，例如君士坦丁堡的圣索非亚大教堂，都装饰着极其复杂、精美的壁画和马赛克镶嵌图画，这些镶嵌图画由成千上万块小玻璃和石块组合在一起构成。拜占廷帝国在公元6世纪，查士丁尼大帝统治时期进入鼎盛时期。拜占廷将军贝利萨留率领军队取得了一个又一个战役的胜利，把国家版图扩大到包括今天的意大利、希腊、土耳其、西班牙大部分、北非以及埃及等国在内的大片地区。

查士丁尼的皇后——戴杜拉，帮他一起统治着帝国。戴杜拉的权力有时不亚于她的丈夫。查士丁尼大帝在位期间颁布了一部法典，该法典成为日后许多欧洲国家立法体系的基础。

查士丁尼一世和修士

拜占廷帝国的大部分臣民都从事农业,住在小村落里。商贩们在小镇里贩卖货物,君士坦丁堡是当时繁忙的港口,也是来自遥远国度,如中国、西班牙和俄罗斯等国的商人的集散地。

来自东方的好战民族——汪达尔人、斯拉夫人、保尔加人等,威胁着这个最后的罗马帝国。查士丁尼的统治是皇权统治最后的繁荣时期。入侵民族一点一点地吞食着帝国的领土。565年,查士丁尼大帝去世后,拜占廷帝国就日益衰落下去。频繁的战事削弱了帝国的力量,最终帝国于1453年落入土耳其人手中。

☆法兰克民族

476年,西罗马帝国沦陷后,西欧各民族纷纷举兵加入到争夺权力、抢占土地的行列。法兰克民族是这其中最强悍有力的一个民族。

克洛维是法兰克民族的第一位伟大的领袖。在他统治时期,法兰克人的地盘日益扩大,沿莱茵河地区(今德国境内)发展起来。他们先后击败了与之相邻的各部落:西哥特人、勃艮第人等,到540年,他们攻占了古罗马帝国的高卢省(现在的法国,法国的国名即来自法兰克一词)的大部分领土。克洛维歼灭了其他与之抗衡的酋长,统一了法兰克各部落,成为法兰克人的第一个国王。他所建立的王朝就以他的

描述法兰克武士的微型画

祖父——墨洛温的名字命名,史称墨洛温王朝,都城设在巴黎。国王通过控制大主教和派往各地的贵族统治着全国。贵族们大都拥有自己的庄园,雇佣着大量农奴在庄园里劳作。战争中,法兰克人用的武器是法兰飞斧和阔刀。法兰飞斧是一种可以扔出去再飞回来的弧形投掷手斧,阔刀是一种双柄宽刃剑。法兰克人的首领们随时都准备投入战斗中,以维护自己的庄园和土地,同时也为了征服更多新的土地。头领的征服欲望促使贵族们不断增加庄园里奴仆的人数,以便有足够的人从军为其服兵役。为鼓励自己的人参军,贵族们赏赐给仆从土地——这就是封建制度的萌芽。

法兰克王国内的家族势力日益膨胀,彼此间勾心斗角,竞相争宠。王权削弱,宫相当权。担任宫相的两大家族,为争夺法兰克王国的最高统治权进行了长期的斗争。

最后的胜利者是澳斯特拉西亚家族,这个家族的首领是赫斯塔尔的丕平。在他

查理曼大帝骑马青铜像

的率领下,澳斯特拉西亚家族把诺伊斯特里亚家族赶出了统治阶层,丕平取得统治地位。他领导着法兰克人继续扩张。后来丕平的儿子——查理·马尔泰尔,人称"大锤",于732年,在普瓦蒂埃战役中,一举击败了穆斯林入侵者的进攻。这个历史事件标志着加洛林人成了基督教的捍卫者。自此,基督教开始支持加洛林人。查理·马尔泰尔虽名为宫相,实际上却掌握着国家大权。这期间,阿拉伯人由于在普瓦蒂埃战役中失败,被迫退回欧洲中部,法兰克王国的版图继续扩张。到查理·马尔泰尔的儿子——矮子丕平统治时期,加洛林王朝正式建立。公元754年,教皇给矮子丕平施涂油礼。他是法兰克历史上第一位由教皇施涂油礼的国王。但法兰克最伟大的统治者却是矮子丕平的儿子——查理大帝。

☆ 伊斯兰教

伊斯兰教在历史上曾有多种称呼,如"回教""回回教""清真教""天方教"等。它是世界上三大宗教中最年轻的一个,其创始人是穆罕默德(570～632)。他出身于麦加城古莱西部落哈希姆家庭,童年失去父母,先后由祖父和伯父抚养。穆罕默德12岁跟随伯父到阿拉伯半岛各地经商,到过叙利亚、也门等地。他25岁时结婚,妻子卡狄查是一个麦加富孀,比他大15岁。这桩婚姻为穆罕默德后来的事业发展奠定了雄厚的物质基础。610年前后,穆罕默德决定到深山和沙漠中去修行。据说他受天使的启示,以真主安拉的名义

绘画表现穆罕默德率领穆斯林士兵征战。

《古兰经》的一页

开始传教。

"伊斯兰"为阿拉伯语，意思是皈依、顺服。伊斯兰教徒被称为"穆斯林"，指服从安拉和使者的人。伊斯兰教包括宗教教义（五信）和宗教义务（五功）两部分。

"五信"是指信仰安拉，信仰使者，信仰天使，信仰经典，信仰末日。伊斯兰教不拜偶像，信仰安拉是真神，认为他创造宇宙万物，全知全能，主宰一切。安拉派遣天使传达他的旨意。穆罕默德是阿拉伯民族的先知，安拉的语言通过他而降临世界，形成伊斯兰教经典《古兰经》。伊斯兰教认为末日来临之际，安拉将审判在这个世界上生活过的所有的人，善者进天堂，恶者入地狱。

"五功"主要是：1、念功。信仰和口诵16字清真言，即"万物非主，唯有真主。穆罕默德，真主使者"。2、拜功。穆罕默德每天面朝麦加方向祈祷五次，每周五到清真寺参加集体礼拜，称为聚礼。每年开斋节和古尔邦节还有更为隆重的会礼活动。3、斋功。每年回历9月斋戒一个月，斋月内每天从黎明到日落禁止一切饮食和吸烟等。4、课功。原来为穆罕默德自愿捐献，约占财产的2.5%，用以济贫；后由政府征收，标准和用途都有变化。5、朝功。每个穆斯林一生中，在身体健康、经济条件许可、旅途安全的情况下，必须到麦加朝圣一次。

穆罕默德创教之初，伊斯兰教只能秘密传播，他的妻子、堂弟、岳父和几个密友是他最初的信徒。622年穆罕默德从麦加出发，到麦地那传教，伊斯兰教很快发展起来，并于630年得到麦加贵族的承认。从此，伊斯兰教取代了原始部落宗教，成为阿拉伯民族的共同信仰；麦加成为伊斯兰教的圣地，麦加大清真寺被确定为穆斯林的朝觐之地。伊斯兰教的创立，促进了阿拉伯半岛的统一和阿拉伯帝国的形成。随着阿拉伯人圣战事业的发展，伊斯兰教逐渐走出半岛，发展为一种影响巨大的世界性的宗教。

☆ 查理曼帝国

法兰克国王查理一世就是赫赫有名的查理大帝，又称查理曼。他建立了神圣的罗马帝国，他还是人们心目中理想的统治者，至今仍享有盛誉。

查理曼生于742年，他的祖父是著名将领查理·马尔泰尔，父亲是矮子丕平。矮子丕平是法兰克新统治家族（即后来的加洛林王朝）的奠基者。768年，矮子丕平去世，他把帝国分给他的两个儿子：卡罗曼和查理曼。卡罗曼死后，查理曼成为帝国的唯一统治者。

查理曼是典型的日耳曼人：个头很高、性情爽快、知天乐命。他从骁勇的骑士出身的父亲那里学到了很多东西，曾亲率大军，征服了法兰西——法兰克人的故乡邻近的许多地方，包括现在的荷兰、德国及意大利等地。查理曼是个基督教徒，

教皇为查理曼大帝加冕

他每征服一个地方，就强迫那里的非基督教徒接受洗礼，成为基督徒。德国的萨克森人和匈牙利的阿瓦尔人就是这样成为基督教徒的。

关于查理大帝，可说的不只是发动战争这样的事，还有很多其他可称道的方面。他虽然没受过多少教育，却很推崇学术和文化。

查理曼帝国的首都亚琛，是帝国的政治文化中心。市内有辉煌壮丽的宫殿，那时就已经有了恒温游泳池。整座城市流光溢彩，非常气派。不过，皇帝本人却衣着朴素、饮食节俭。他会说希腊语、拉丁语，喜欢让人大声朗读文章给他听，而且还邀请知名学者，如约克学院的阿尔克温，到宫廷学院来讲学、培训老师、教授古罗马书法。

身为欧洲一代枭雄，查理曼的地位是在公元9世纪时由教皇为其加冕，称他为"罗马人的皇帝"，从而得以确认的。814年，查理曼死后，查理曼帝国因内部分裂、外国入侵，很快就衰弱下来，不久就分裂了。他的三个儿子各自统治一部分。但是，查理曼的经历却成为一种传奇，广为流传。他建立的神圣罗马帝国断断续续一直到1806年才灭亡。应查理曼的儿子——虔诚者路易的要求，著名学者艾因哈德为查理曼写了生平传记。他的一生成为许多故事

和文章的素材。例如，著名的中世纪史诗《罗兰之歌》就是以他进攻西班牙之后，在撤退途中遭遇的伏击为主线而创作的。

查理曼接见立奥三世

☆ 维 京 人

8世纪末，来自现在的丹麦、挪威和瑞典等国家的一个航海民族，开始航行到海外去寻找新的家园。这些人被称为维京人（又译威金人）。这些维京人是欧洲最好的水手，乘坐着速度极快、适应能力极

维京人

强的单帆多桨长战船。他们的所作所为往往跟海盗一样，所以又把他们称作北欧海盗。后来，他们逐渐在曾被他们掠夺过的国家定居下来，但他们仍然从事大量的海上贸易。后来许多北欧海盗成了基督徒。爱尔兰的都柏林市和乌克兰的基辅市，都

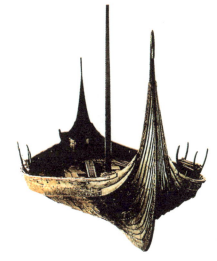

维京人的船

此图是7世纪维京人的船，因埋在泥土中而得以保存。它被用来当做一位维京公主的棺木。这种翘头船由木板叠嵌而成，非常轻巧，用来装载士兵。维京士兵均为出色的水手，可以把船划得飞快，水位过浅时，则能扛着船前进。

是这些北欧人建立的。而诺曼人则是定居在法国北部的北欧海盗的后裔。

维京人到过很远的地方。商人们到过俄罗斯、波斯和地中海沿岸各国。他们用北方产的毛皮和海象牙等换取南方的丝绸和银器。他们像探险者一样，航海到了欧洲、冰岛、格陵兰和北美洲的纽芬兰。他们把纽芬兰称为文兰。

☆欧洲的封建制度

　　欧洲的封建制度是上层各阶级以契约的形式定下来的产物,国家并没有多大的权力,实权都分散在以城堡为主的地方长官的手中。

　　在中世纪,手握大权的贵族或教会控制着国家土地,他们被称为领主。各级领主把自己的土地赏赐给他的附庸,即那些跟随他、为他出生入死的人。而各级附庸则宣誓要孝忠自己的领主,为领主临敌作战、服兵役、替领主向居住在领主领地上的人收税。这是欧洲封建制度统治的核心内容。

　　公元8世纪,封建制度在法兰克有了一定的发展。继公元5世纪西罗马帝国灭亡后,欧洲连年战乱,局面混乱不堪。法兰克人认为,他们的首领有义务保护自己的士兵不受伤害,应该给效忠的士兵赏赐。首领和贵族控制着农民居住的土地,农民无权拥有、更无权出租自己的土地,反倒要受控于这些贵族,并为其效力,以得到贵

13世纪身穿铁甲的骑士雕塑

族的保护。这套体制在战乱时期倒不失为一种良策。

　　国王要依靠他的骑士的忠心和勇猛来维持他的统治,所以国王把大量的土地封给这些骑士,这样一来,封建制度也随之得到进一步发展。西班牙在法兰西之后也建立了封建制度,而十字军东征又把封建制度带到了东部地区。领有封地的领主各自为政,在他的领地上,他的话是法律。一旦有战事,领主必须派兵参加国王的军队。

"和平"与"希望"圣像

不论附庸是级别较高的贵族，还是级别较低的农夫，封建领主都要对他们之间的争讼做出公正的审判。到13世纪时，封建制度开始解体，解体的原因之一是经济问题：人们开始更多地用钱代替义务，情愿交租子，也不愿自己被束缚在土地上服役。

公元14世纪，出现了十字弓、火枪、大炮等新式武器，这些武器的出现改变了以往的作战方式。用大炮可以摧毁城堡，弓箭能穿透铠甲，封建贵族、骑士不再那么不可一世了。

骑士授予仪式

图中的贵族青年正请别人授予他骑士称号、兵器和盔甲。在这个宗教仪式上，他必须先祷告整整一夜，然后起誓捍卫和保护弱者。

☆十字军东征

"去吧，到东方去吧！那个地方，遍地流着奶和蜜，耶路撒冷是大地的中心，它的土地最为肥沃，是另一个充满欢娱快乐的天堂。"900年前的罗马教皇乌尔班二世对他的教徒这样说道。

当时在西欧，只有长子才有权继承家族财产，其他几个儿子虽美其名曰骑士，可是却没有或只有少得可怜的土地，很难维生，这帮"穷光蛋骑士"只好靠打家劫舍度日。这时东方的财富令他们垂涎三尺，他们做梦都想去东方发财。西欧城市的商人，尤其是地中海沿岸的威尼斯、热那亚商人，想要垄断地中海贸易，从东岸的阿拉伯和拜占廷手中夺取贸易港口和市场，垄断这个地区的贸易特权，因此也积极支持东征。还有一些西欧农奴，为了摆脱被剥削被奴役的地位，也幻想到东方去寻找新的生活。就这样，大批人被教皇发动起来，加入东征的队伍。因为在西欧人看来，地中海东岸的阿拉伯、拜占廷就是东方，而出征的部队人人衣服上都缝上了十字标记，因此这次进军就叫做十字军东征。

从11世纪末到13世纪末的200年间，

十字军首领　　十字军士兵

克拉克骑士要塞

克拉克骑士要塞，在今叙利亚境内。这个城堡三面环山，城外有绕城护城河，城墙都用坚硬的岩石砌成，坚不可摧，易守难攻。当时穆斯林派人送了封诈降信到城堡里，十字军首领轻信了穆斯林的谎言，打开了城门，这样穆斯林才攻下了城堡。

法国、德国、英国等西欧国家的骑士、商人们在教皇的煽动下，先后8次对东地中海沿岸各国和拜占廷帝国进行大规模的侵略战争，总的说来是胜少败多。由于当地人民的反抗，罗马教会的目的并未得逞，他们在东方所占有的土地最终全部丧失，教皇想建立世界教会的梦想也化为泡影。

200年的侵略造成了极大的破坏，十几万人死于非命。尤其是第一次、第四次东征，在1099年攻陷耶路撒冷和1204年攻下君士坦丁堡之后，十字军对当地的居民进行了野蛮的大屠杀，城内尸横遍野、血流成河，男女老幼都不能幸免。宫殿、教堂、商店、民宅中的金银珠宝被抢劫一空；君士坦丁堡图书馆中珍贵的艺术品和古典书籍全被付之一炬，十字军贪婪凶狠的强盗本质暴露无遗。西欧国家甚至还派出几万儿童组成十字军，结果或因遭遇海难，葬身鱼腹，或被贩卖为奴，饥寒交迫地死于途中。战争给东地中海沿岸国家和西欧各国人民带来了巨大的苦难与不幸。但同时，东征又使东西方各民族间的交往增多。东方的纺织、丝绸制造、印染等生产技术和水稻、甘蔗、甜瓜等农作物品种，逐渐传到了西方，促进了西欧经济的发展。战后东西方经贸往来更加频繁，西欧封建主看到了东方文明，逐渐效法起来。而教会由于侵略本性的暴露，号召力普遍下降，使人民对教会的信任产生了动摇。这对欧洲的历史进

十字军东征战斗场面

在第三次十字军东征（1191）时，英国国王理查一世率领的盔甲骑士战胜了穆斯林领袖萨拉丁领导的穆斯林士兵。

程也有着深远的影响，而这是发动这场东征的罗马教会所始料不及的。

☆ 蒙古大帝国

13世纪，一个崛起于东方的游牧民族——蒙古族，横扫了亚欧广大的地区，建立了一个世界历史上前所未有的大帝国。它的疆域，东至朝鲜和中国东北，南至缅甸、印支，西南至阿拉伯半岛，西至匈牙利、亚得里亚海东岸，北至俄罗斯西部及西伯利亚。从史料中我们可以知道，12世纪的蒙古人还没有完全脱离原始公社生活，而仅仅100年后，他们的大军便横扫了文明程度先进得多的亚欧大部分地区，其原因何在？

蒙古之所以能横扫亚欧，和赫赫有名的成吉思汗分不开。成吉思汗（1206～1227在位）名叫铁木真，他从小历经磨难，养成了百折不挠的性格。1189年，他被推为部落首领后，以惊人的毅力和出众的才能，领导统一了蒙古各部，于1206年建立

蒙古人作战

蒙古征服者的速度和残暴使他们的敌人们闻风丧胆。蒙古人以强壮的矮种马为坐骑，能够在很短时间内进行长距离的行军，轻骑兵可以在飞驰的马背上射箭，重骑兵装备着长矛和铠甲。速度和力量的结合使得他们无往不胜。

了统一的蒙古国家，并被推为大汗，称"成吉思汗"。此后，成吉思汗致力于建立庞大的蒙古帝国，于1207年发动了大规模的征伐战争。他陆续占领了中国的大半领土，兵临金国中都（今北京）；又发动了对中亚细亚的战争，征服了中亚细亚一带；以后又逐步侵入欧洲，曾一度进军至伏尔加河流域。1226年，成吉思汗率军从欧洲回师，征服了中国西北部的西夏。至此，成吉思汗建立了一个版图不仅包括中国北部和西部，而且包括中亚细亚和高加索地区的庞大的蒙古帝国。

在征战中，成吉思汗表现出出色的军事才能。他充分利用游牧民族能骑善射的优点，经常采用奇袭的战术，一举歼灭对方。有时为了不让敌方知道自己兵力消耗的情况，他强迫当地居民穿上蒙古军服，骑在马上，假扮蒙古兵。在与汉族的长期交往中，成吉思汗又吸收了许多先进的军事技术，如火炮和飞火炮等攻城武器，大大加强了蒙古军的进攻能力。成吉思汗去世后，他的子孙们继承和发展了成吉思汗的战术思想和军事技术，蒙古军越战越强，铁蹄所至，所向披靡。蒙古大军能够横扫欧亚有一个重要的原因，那就是当时的亚洲和欧洲许多国家处于分裂、混战状态，内部矛盾重重，难以应付蒙古大军的征讨。在西亚，一度强大的阿拉伯帝国已经衰败，

也不是强悍的蒙古骑兵的对手。

由于这些原因,蒙古军在不长的时间里席卷了亚欧,建立起了包括窝阔台(蒙古以南一带)、察合台(中亚、中国的新疆)、伊儿(西亚)和钦察(南俄罗斯、西伯利亚南部)四大汗国和中国的元朝在内的横跨欧亚的大帝国。

☆ 黑死病

黑死病是中世纪最恐怖的灾难。它来势凶猛,亚欧两洲几千万人死于这场瘟疫。一位意大利历史学家是这样说的:"这简直就是世界末日!"

公元1347年,黑死病传到了欧洲。黑死病首先感染了一支蒙古军,当时这支军队正在克里米亚(俄国南部)地区作战,他们把感染了疾病而死的士兵的尸体,用石弩发射到意大利人防守的要塞内。意大利士兵返回热那亚时,也把病菌带到那里。

黑死病图

1439年黑死病蔓延期间,图内尔(今比利时)埋葬死者的场景。

这是一种腺鼠疫,又叫腹股沟淋巴结鼠疫。病菌由受感染的老鼠身上的虱子传染给人类,"黑死病"这个名字,是因为感染了瘟疫的人身上出现黑斑点而得来的。感染黑死病的人除了身上长黑斑点之外,还在腋窝和阴部出现肿胀并伴有咳血的症状。许多人生病的当天就死了。那时的医生并不知道为什么会出现黑死病,更不知道该怎么治疗。人们都以为是猫和狗感染了这种疾病后,传染给了人类,所以把猫和狗都捕杀了。但就是没有捕杀老鼠。在当时许多基督徒看来,黑死病是上帝对人类的惩罚。宗教狂热分子甚至跑到大街上,用鞭子抽打自己,作为对人类所犯的罪孽的忏悔。

黑死病在欧亚大陆肆行无忌,每天都有人莫名其妙地死去,随着疫情日益蔓延,陷入极度恐慌的人们纷纷逃离城镇。

逃离城镇的人把瘟疫的病菌也带到了别的地方。死亡人数很多(占欧洲总人口的三分之一),有些地方整个村庄的人都死光了,大片耕地荒芜。教堂里的牧师是当时受教育最多的人群,也死了很多。

14~15世纪期间,黑死病反复暴发,夺去了很多人的生命。欧洲出现了劳动力缺乏的现象,工资大幅上涨。工资和赋税不合理,最终导致1358年法国发生农民暴动。1381年,英国爆发了瓦特·泰勒领导的农民起义。

修道院是黑死病肆虐最为严重的地方,近半数修士、修女都死于黑死病。有些修道院只有几个人幸存下来。坎特伯雷大教堂一年内就死了三个主教,这对教会是一次沉重的打击。黑死病过后,活下来的人捐钱给教堂修建新建筑。然而,有些教堂的主事仍然埋怨,活下来的人太过贪婪成性,生活糜烂。

☆日本德川幕府

中世纪,日本没有一个强有力的政权,国家权力都掌握在幕府手中,天皇受幕府左右。日本历史上共经历了三个幕府历史时期。其中,德川幕府便是其中之一。

德川家康出生于1542年,当时日本的军阀们正在为争夺日本的统治权而打内战。家康小时候被作为人质送往今川家族,在那里,他学习了打仗和管理的知识。今川家族的首领在一次战役中被杀死以后,家康回到自己的地盘,从此开始了漫长而有序的权力之争。到1598年,他已拥有了日本最强大的军队。他还拥有日本管理最好、产量最大的庄园,这些庄园集中在

日本广岛的大鸟居

高16米,以楠木制成。建于1875年。它耸立在平静的濑户内海上,面对着著名的严岛神社,是广岛的标志性建筑之一。

江户的渔村。1603年,天皇打败敌人后任命家康为幕府将军,并且给了他代表天皇统治国家的权力。

天皇住在京都,而德川家康在江户行使政权。他把村子发展成为很大的有城堡的城镇,后来被称为东京。他把国家重新划分地区,每个地区由一个藩主领导。藩主要管理好地方上的武士,还必须发誓支持德川家康做幕府将军。这有助于日本的和平。1605年,德川家康放弃幕府将军的位置,但仍然掌握着实权,直到1616年他去世。

最初,日本对外国人是开放的,葡萄牙人、英国人和荷兰的商人经常来此。传教士让很多日本人都改信了基督教。德川家康认为这种新宗教会破坏他的统治,因此,从1612年开始,传教士受到排斥。1637年,传教士被完全禁止在日本活动,所有的日本基督教徒必须放弃他们的宗教,否则就有杀身之祸。同时,幕府将军认为,如果没有外国的影响,日本的法律和秩序就会更

德川家康像

容易得到维护，因此他决定除允许荷兰商人可以每年向长崎发一艘商船外，其他国家的商人一律禁入。

尽管日本与世隔绝，但是国家得到了很大的发展。人口和食物产量都增长了，刑罚很重，犯一些小罪也会被处死。最终，1867年爆发了起义，德川王朝被推翻，日本通过明治维新，逐渐富强起来。

在日本的葡萄牙商人

☆英法百年战争

法国封建主诺曼底公爵威廉于1066年率军渡海征服英国，当上英国国王，建立了诺曼底王朝，但他仍以法王附庸的身份在法国享有封建领地。1328年，法国加佩王朝最后一个国王查理四世死后无嗣，当时的英王爱德华三世想以外甥身份继承法国王位，遭到法国贵族反对。他们选举查理四世的侄子腓力继承王位，称为腓力六世。这就种下了战争的种子。不久，两国又开始争夺法国北部富庶的纺织业地区佛兰德尔，终于引发了长达100多年的百年战争。

☆印加人

在秘鲁山脉里，印加的神——帝王统治着这个高度组织化的帝国。内战和西班牙的入侵最终导致了帝国的灭亡。

印加人打败奇姆帝国成为南美安第斯山脉的统治者。15世纪，在帕查库提的统治下，印加人打败了从邻国来的入侵军队，此时，印加的文明也到达了巅峰时期。帕查库提还

秘鲁印加人的祖先祭祀用的刀

对印加王国的政府进行了改革，他指派官员管理国家，并且成立了中央管理机构来管理城镇建设，确保农耕和手工业的有效进行。从都城库斯科，帕查库提和他的继承人将印加帝国的疆土一直向外扩张，智利、玻利维亚和厄瓜多尔也包括在内。印

马丘比丘遗迹

加人用石头建造城市，还修了道路用于易货贸易，因为他们不用钱。农民在山坡开垦梯田，种植玉米、棉花和土豆。1525年，印加帝国的版图达到顶峰。1527年，瓦伊纳·卡帕克死亡，帝国被他的两个儿子分而治之。

16世纪30年代，一队由毕萨罗率领的西班牙探险队来到南美洲寻找黄金。印加都城库斯科给这些欧洲人留下了极深的印象——城里的宫殿和神庙、卫生设施和供水设施，还有不用砂浆就能让巨石完美吻合的沙克沙华孟堡。印加人尽管既没有文字也没有轮形交通工具，但他们却有很多如音乐、桥梁建造和医药这样的技艺。

虽然人数少，但西班牙人有印加人从未见过的马和枪。7年内战大大削弱了印加的力量。1532年，毕萨罗俘获了印加统治者阿塔瓦尔帕，索要一满屋的黄金和两满屋的白银作赎金。印加人支付了赎金，但是阿塔瓦尔帕还是被西班牙人杀害了。因无人领导，印加人很快就被打败了。之后，在山间堡垒地带，如马丘比丘，仍有对西班牙统治的抵抗力量，一直持续到1572年。

☆文艺复兴运动

古希腊、古罗马的灿烂文化给世界留下了珍贵的精神遗产，而中世纪基督教会的一统天下却给欧洲带来了黑暗和愚

米开朗琪罗的作品《大卫》

昧。随着意大利工商业的发展，新兴的资产阶级力量壮大了，他们要求发展科学技术，摆脱教会束缚，争取个性解放。由于教会势力强大，资产阶级只得打着恢复古希腊、古罗马文化艺术的旗号，掀起了一场影响深远的资产阶级文化运动——文艺复兴运动。

14～16世纪的文艺复兴运动以意大

哥白尼像

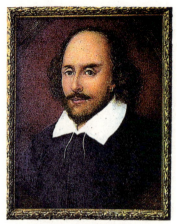

莎士比亚像

☆地理大发现

在距今大约500年前的欧洲西部海港，一队队由木桅帆船组成的远洋船队不时地从这里挂起风帆，驶向茫茫大海，踏上探索世界、开辟新航路的征途。在短短的几十年时间内，欧洲人第一次知道了美洲、大洋洲和太平洋的存在，并以环球航行的壮举，证实了地圆学说。对此，欧洲人十分自负，他们把这段史实称之为"地理大发现"。

利为中心席卷全欧洲。资产阶级提出以人为中心的理论，反对以神为中心，促进了文化艺术和科学技术的巨大发展，涌现出一大批艺术和科学方面的巨匠。

画家达·芬奇的作品《蒙娜丽莎》温柔、典雅、含蓄、自然，向往明天和幸福，被历代美术家推崇为"神品"。雕塑家米开朗琪罗的作品《大卫》，全身健壮有力的肌肉表现出勇气和力量，炯炯发光的眼神喻示着克敌制胜的决心，这正是意大利新兴资产阶级的象征。英国大戏剧家莎士比亚的《罗密欧与朱丽叶》是反对封建传统势力、追求自由的爱情的呼声。哥白尼以惊人的胆识推翻了基督教根深蒂固的地心说，提出了日心说。不屈的科学斗士布鲁诺为了坚持关于大自然无限的思想，于1600年被烧死在罗马的鲜花广场上……

这些都是文艺复兴运动的勇士，他们为人类开辟了一条通向自由、科学的大道。

哥伦布像

然而，导致欧洲人不惧艰险，远涉重洋寻找新航路的动力则来自于对黄金的渴求。15世纪欧洲正处于资本主义萌芽时期，商品货币关系的发展，使社会各阶层对黄金的需求十分强烈。此时《马可·波罗游记》正在欧洲广泛传阅，书中关于东方黄金遍地、香料遍野的说法令欧洲人眼馋心痒。但传说的东方贸易却被土耳其帝国所控制，东方的丝绸、香料几经转手，价格

麦哲伦像

昂贵。因此,西欧各国希望寻找一条避开土耳其通往东方的新航路。

1492年8月3日拂晓,3艘海船扯起风帆,在意大利人哥伦布的率领下从西班牙巴塞罗纳港出发,向一望无际的大海驶去。哥伦布远航的目的地是印度,10月12日,船队前方终于显现出陆地的轮廓,船员们欣喜若狂,哥伦布率队登岸,他以西班牙国王的名义宣布占领该岛,并将该岛命名为"圣萨尔瓦多",意思是"救世主"。哥伦布登陆处实际上是美洲加勒比海上巴哈马群岛的华特林岛,但他却自认为已经到达了预定的目的地——印度,于是称当地土著为"印度人"。

据说一位名叫亚美利哥的意大利人指出了哥伦布的错误,于是这块新大陆因他而得名为"亚美利加洲"。哥伦布所到达的是当时欧洲人浑然不知的一块新大陆,他的远航开辟了欧美两洲之间的航路。

1498年葡萄牙人达·伽马成功地绕过好望角,到达了印度。早在1487年,迪亚士率领的船队就到达非洲南端好望角。1497年7月,达·伽马率领4艘海船,从里斯本出发,11月,船队绕过好望角,沿东非海岸北上,一个出色的阿拉伯领航员马德瑞德引领达·伽马的船队顺利地渡过印度洋,到达了印度。达·伽马的船队从印度

达·伽马像

返航时,带回大量的香料、丝绸和宝石,获得了暴利。

1519年9月,葡萄牙人麦哲伦在西班牙王室的支持下率领一支被称为"漂浮的棺材"的船队出发,越过大西洋,沿美洲西海岸南下,于1520年10月在南美大陆和火地岛之间找到一个海峡,进入新的大洋。新大洋风平浪静,麦哲伦因而将它取名为"太平洋"。1521年3月,船队到达菲律宾群岛,麦哲伦因干涉马克坦岛内争,被岛上居民杀死,其余船员于1522年9月6日回到圣罗卡港,生还者仅18人。

地理大发现时期葡萄牙的大帆船（模型）

哥伦布、达·伽马、麦哲伦的3次历史性远航对于人们科学观、宇宙观的进步以及西欧资本主义的发展，都有着重大的意义。不过，随着新航路的开辟，世界文明史上最黑暗的一页——殖民侵略也拉开了序幕。

☆ 西班牙和葡萄牙

16世纪时，西班牙成为欧洲的超级强国，西班牙和葡萄牙的探险家们在欧洲人到美洲和亚洲的探险航海中占有领先地位。

中世纪西班牙分裂为基督教国家和穆斯林国家，在新的征服战争后，两个基督教统治者结束了穆斯林对西班牙的统治，他们是阿拉贡的斐迪南和卡斯提的

腓力二世像

伊萨贝拉。1469年，斐迪南和伊萨贝拉结婚，将西班牙最强大的两个基督教王国统一起来。至1492年，他们的军队占领了西班牙的最后一个穆斯林居民区格拉那达。新的统治者不能容忍其他宗教，设立了西班牙宗教法庭，查缉异教徒，包括其观点不同于国教的基督教徒和信仰其他宗教的人，如犹太人。

在16世纪，西班牙成为欧洲最强大的国家。它的强大建立在强大的陆军和海军的基础上，陆军在欧洲打仗（如与荷兰作战），海军控制着从西班牙新征服的帝国出产的利润丰厚的黄金和白银贸易。西班牙

此图为1648年签署《威斯特伐利亚和约》的场面，象征30年战争结束。签约的一方是统治西班牙王国、神圣罗马帝国、奥地利大公国的哈布斯堡王朝以及神圣罗马帝国境内的巴伐利亚公国，另一方是法兰西王国的波旁王朝、瑞典王国以及神圣罗马帝国境内勃兰登堡、萨克森公国等诸侯国。

的势力在查理一世统治期间达到顶峰。查理一世于1519年成为神圣罗马帝国皇帝，掌控着德国、奥地利、荷兰的土地和法国、意大利的部分土地。在他死后，他的疆土被他的儿子腓力二世（统治西班牙、荷兰

和西班牙在美洲的殖民地)和他的兄弟斐迪南(成为神圣罗马帝国皇帝)分而治之。

至1580年,西班牙帝国已将葡萄牙占领。因为葡萄牙人在大西洋有很长的海岸线,并且他们又掌握了造船技艺,他们在欧洲对海洋的探险中起了带头作用。葡萄牙的水手们开辟了到亚洲的新路线。葡萄牙人已经控制了一个海外帝国,包括非洲漫长的东西海岸线、巴西、印度,还有像印度的果亚、中国的澳门、南亚的众多岛屿这样的贸易站点。

航海纪念碑

屹立在葡萄牙特茹河畔的航海纪念碑,匠心独运,气势雄伟。远望酷似一艘扬帆启航的巨型帆船,近看则是一幅幅浮雕再现了葡萄牙航海家周游世界、搏击风浪的场景。在纪念碑所处广场的水泥地上,有一幅庞大的世界地图,清晰地标出葡萄牙航海家远航世界各地的年代、地点和航路。

☆ 宗教改革

公元16世纪,欧洲爆发了一场大规模的宗教改革运动。这个运动的爆发点在德国,马丁·路德是发起人与领袖。

中世纪的教会,已日益趋向独裁和腐败。13世纪在法国里昂附近,大主教法庭竖起了四根粗壮的绞刑架,经常一次同时绞死12个人。尤其是1220年,教皇洪诺留三世下令建立的所谓异端裁判所,专门镇压一切对封建统治不利的人士。这个臭名昭著的裁判所建立以后,西班牙在300年中,有34万人被烧死,仅罗马一地,在150年中,就烧死了3万多人。神职人员贪赃枉法,霸占地产,奸淫妇女,为所欲为。教会一片混乱,教廷被称作"全世界的臭水沟"。1515年,罗马教皇向教徒大量推销"赎罪券",说买了赎罪券,生者可以免除罪孽,死者可以升上天堂。卖券的收入,一半归主教,另一半上交教皇,供修大教堂使用。

1517年万圣节,马丁·路德发表《九十五条论纲》,反对推销赎罪券,指出它既给人民带来沉重的经济负担,也给人民造成莫大的精神压力。路德的主张得到大批教徒的支持。《九十五条论纲》揭露了教会剥削教徒的本质,马上招来教皇的忌恨。

马丁·路德将《九十五条论纲》钉在墙上

路德及其支持者为孩子洗礼

教皇首先宣布路德为异端分子,并在1520年发布谕令,要路德在60天内公开认罪。路德并不妥协,又接连写了要求进行宗教改革的宣言,并把教皇的谕令和教会法书籍,放在一起烧毁。但路德始终主张以和平的方式进行改革,反对平民使用暴力。

马丁·路德(前排显著位置)和宗教改革派

只是思想的闸门一旦被打开,就没有人能阻拦得了。1524年夏天,德国黑森林地区爆发了反对封建统治的农民起义,其中影响最大的是图林根农民在闵采尔领导下的起义,几乎席卷整个德国。

路德的宗教改革思想又传播到法国,以后又传到英国,成为波及全欧洲的宗教改革运动与宗教战争,一直延续到17世纪。路德的宗教改革运动,实质上是16世纪欧洲新兴资产阶级在宗教改革的旗帜下发动的一次大规模反封建的社会政治运动。这场运动对欧洲历史的发展起了推动作用。路德的著作影响了整个西方基督教世界,并形成强调个人的信仰而不强调遵守教会规条的路德教派。马丁·路德还主张宗教仪式可以用民族语言,以代替过去规定统一使用的拉丁语,推动了基督教的民族化。

☆伊凡雷帝改革

俄罗斯历史上的沙皇伊凡四世(1533~1584在位)就是有名的伊凡雷帝。伊凡即位时年仅3岁,由他的母亲叶莲娜·格林斯卡亚摄政,叶莲娜又委托宠臣伊·费·奥鲍连斯基等人治理国家,镇压伊凡的两个外皇叔的叛乱,为此遭到一些大贵族的强烈反对。1538年4月,叶莲娜突然死去,据说是被反对派贵族毒死的,结果统治权落入大贵族安德烈·叔伊斯基手中。伊凡就是在这种残酷的权力斗争中长大的。所以他从小就养成了冷酷无情、多疑猜忌的性格，并对大贵族有一种本能的痛恨。1543年，13岁的伊凡在他的舅父米·瓦·格林斯基的指使下，下令让狗活活咬死叔伊斯基。

1547年1月，伊凡四世在克里姆林宫正式加冕，成为俄罗斯历史上第一位沙皇。俄语"沙皇"一词的意思是皇帝，源于古罗马皇帝的称号"凯撒"。伊凡四世亲政这一年，正是莫斯科和各地人民起义、反对大贵族暴政的那一年。他一方面拼命镇压人民起义，另一方面又全力推动司法、行政和军事的改革，削弱大贵族势力，加强沙皇的专制统治。1549年2月，他召开第一次缙绅会议，中心议题是改革和编纂新法典。参加会议的人员除宫廷大贵族、高级教士外，还有一部分中小贵族代表。从此以后，重大政策都要通过召开缙绅会议来商议。1550年政府颁布新法限制地方分权，加强中央集权。1549～1550年，政府限制按门第选任军队中的长官，并确立起一长制的领导原则。1556年政府又颁布兵役法，规定不管是大贵族的世袭领地，还是中小贵族的采邑，

伊凡雷帝像

每150俄亩的土地都必须提供一名全副武装的骑兵为沙皇服务。

经过政治、军事改革，俄罗斯的国家实力增强，伊凡四世开始走上对外侵略扩张的道路。1570年，他亲自率领沙皇特辖军团，血洗诺夫哥罗德达6个星期。由于他杀人不眨眼，所以获得了"伊凡雷帝"（恐怖的伊凡）的绰号。

克里姆林宫

　　克里姆林宫始建于15世纪后期。1547年伊凡雷帝在克里姆林宫加冕，成为俄罗斯第一任沙皇。

☆英国资产阶级革命

在距今 360 多年前的一天,英国伦敦白厅广场人头攒动,一个惊人的消息在人群中迅速传递:国王要上断头台啦!面色惨白的国王查理正被押赴广场,执行死刑……这不是故事,而是发生在英国资产阶级革命时期真实的一幕。

1640 年,英国爆发了资产阶级革命,这是世界历史上第一次资产阶级革命,具有划时代的历史意义。为什么在英国会爆发这场革命?

自 16 世纪以来,英国资本主义工商业飞快发展,资产阶级力量也在成长壮大,可他们全无政治权力,忍受着封建国王的专制统治。国王的高压统治激起了资产阶级和广大人民群众的强烈不满,他们以议会为阵地,提出了限制国王权力的法案《大抗议书》。国王查理下令逮捕 5 名为首的反对者,并亲自率军前去捉拿。国王的行

奥利弗·克伦威尔像

径激怒了伦敦市民,他们手持武器涌上街头。国王感到处境不妙,便逃离首都,在诺丁汉郡集结王室军队,宣布"讨伐"议会,从而挑起了第一次内战。

内战开始后,国王依仗装备精良、人数众多的军队掌握了战争的主动权,议会军队节节败退。在关键时刻,杰出的将领克伦威尔组建了新的军队,这支军队纪律严明,训练有素,英勇善战,号称"铁骑兵"。1644 年 7 月,铁骑兵与国王的军队在马斯顿荒原相遇,双方展开内战以来第一次大规模战斗。晚上 7 点,暴雨刚停,暮色苍茫,克伦威尔指挥的骑兵队发动首轮进攻,顷刻间,便冲进王军阵地,战马驰骋,刀枪并举,把王军打得落花流水,仓皇溃逃。议会军乘胜进击,直捣王军大本营牛津,查理眼看大势已去,不得已装扮成仆人匆匆逃往苏格兰,后被议会以 40 万英镑的代价把他押送回国。

为惩办查理,议会和军队组织了特别最高法庭。开庭时,首席法官郑重宣布以下院和英格兰全体人民的名义审判国王查理。经过一个星期的公审,法庭作出判决:

1625 年查理一世登基称王

处死英王查理一世

国王查理一世是暴君、叛徒、杀人犯和国家公敌，应处以死刑。1649年1月30日，国王被押上白厅前广场的断头台，这时全场一片寂静，在短暂的沉寂后，国王双手向前一伸，刽子手大喝一声，手起斧落，查理身首异处。行刑吏提起地上的头颅向全场群众出示，顿时全场一片欢呼。国王查理身死之日，即是英国的封建专制统治结束之时，不久，议会宣布成立共和国。

共和国成立后，克伦威尔就任护国主，执掌政权。1658年，克伦威尔病死后，政权不稳，结果导致旧王朝的复辟。复辟后，封建旧秩序又都恢复，革命者受到迫害，克伦威尔也遭掘墓鞭尸之辱。封建复辟引起了资产阶级的反感，他们发动政变，推翻了复辟政权，这即历史上所称的"光荣革命"。英国资产阶级革命几经反复，历时近半个世纪，才终于确立了资产阶级政权。

☆在位72年的路易十四

法国国王路易十四是17世纪欧洲所有的君主中最有权势的。他是一个独裁者，他所作的决定不征求老百姓的意见，甚至不征求贵族的意见。1643年，刚刚5岁的路易十四登基了。在1651年之前一直是他的母亲作为摄政王代他统治。在这期间，因为贵族议会想分享权力，所以和他的母亲争论不断。1648年，人们起义反抗缴纳沉重的赋税，对王位构成威胁。贵族们也跟着造反，路易十四从法国逃跑，直到1653年才返回。他发誓让类似的反叛事件不再发生。

1661年，路易十四到了可以独立统治

路易十四像

国家的年龄，他解散了贵族议会，把法国的政权抓在了自己的手里。他挑选了自己的顾问，每天上午都和他们会面共商国事。他的首席顾问是柯尔伯，法国的总管。当时法国已经是欧洲最强大的国家了，通过重新调整税收和法律制度，柯尔伯又让法国成为效率最高的国家。为增加财富，柯尔伯开始发展新的工业，并且通过修建新的公路、桥梁和运河改善了交通。为保证法国在欧洲的霸主地位，柯尔伯把法国的海军军船从20艘扩充到270艘。他还扩建了法国的商业船队，以鼓励贸易。

这些政策本应使法国富起来，但是路易十四花费了巨额款项来修建位于巴黎附近的凡尔赛新宫殿。他还把很多钱花在了战争上。路易十四想把法国的领土一直扩展到阿尔卑斯山、比利牛斯山和莱茵河，他把这些地方想象为法国的天然边界。为了达到这个目的，路易十四大规模的扩军，并参与了1667年至1697年间的三场大的战争。

为了满足路易十四的奢侈需求，农民和工人要缴纳很重的赋税，而贵族和牧师却什么钱也不用交。两次税收使数万人处于饥饿之中，一旦他们有反抗很快就会被

凡尔赛宫镜厅

严厉地镇压。在宗教宽容期过后，胡格诺派教徒，即法国的新教徒，又重新受到天主教统治者的迫害，自1685年开始，如果他们不放弃原来的信仰就会入狱，甚至被处死。结果，大约有30万人逃到国外。由于他们很多人是有经验的手工业者，他们走后，法国的经济受到影响。

路易十四于1715年去世，他5岁的曾孙继位。法国的边界虽然已经确定，但是国家的财政在遭受了多年的战事后非常脆弱。

☆崛起的帝国——俄罗斯

在彼得大帝的统治下，俄罗斯由原来一个孤立落后的国家，发展成为欧洲强国之一。他死后，又过了近40年，俄罗斯迎来了另一位伟大的沙皇——女皇叶卡特琳娜二世。彼得大帝的雄心壮志，在叶卡特琳娜二世执政期间得到了进一步发展。

彼得大帝即彼得一世，于1682年继

位，成为沙皇，那年他才10岁。起初，他与他的同父异母的哥哥伊凡五世同时登上王位。1696年，伊凡五世病死，彼得成为帝国唯一的君主，直到1725年他去世为止。自1639年起，沙皇俄国迅速扩张，但是，与同时期欧洲其他国家相比，俄国还是很落后的。彼得决意要改变这种状

叶卡特琳娜二世像

况。他花了 15 个月的时间,在西欧游历,了解那里的变化。除了与各国的元首会晤,彼得一世还与科学家、技术工人、工匠交谈,向他们学习工业、农业及造船方面的知识。到达荷兰时,他乔装打扮成一个普通的工人,受雇于一个造船厂,在那儿工作了一段时间。

回到国内,彼得就仿效西欧,把他自己学到的知识用于俄国的改革,成立了俄国海军,建立了现代化的钢铁厂。同时,他还鼓励农业和其他行业的发展,扩充军事

彼得大帝像

实力、修建铁路、运河以促进贸易发展。

彼得一世还意识到俄国缺少不冻港,而这种不冻港只可能是在波罗的海和黑海沿岸,这两个地方都不在俄国的领土范围内。为了获得这种港口,彼得一世发动了针对瑞典的北方战争,并于1721年击败瑞典,占领了爱沙尼亚、里加湾一带,这两个地方都位于波罗的海入海口处。为了昭示俄国日益增长的财富和自己的权利,彼得一世决定把都城从莫斯科迁到圣彼得堡。

然而在农村,由于彼得一世不断增加赋税,农奴的生活困苦不堪。尽管如此,彼得一世去世时,俄国已经比以往任何时候都稳固、强大。

1762年,俄国历史上另一位强权统治者继位,她就是叶卡特琳娜二世。叶卡特琳娜二世具有普鲁士血统,原名凯瑟琳。她于1745年嫁给俄国的王位继承者后,就改用此名。她的丈夫继位后6个月就遭人暗杀了,她丈夫死后,王位应该由她的儿子继承,可叶卡特琳娜二世却自己登上王位,做了女皇。她和彼得一世一样,仿效西欧进行改革,并且发起战事,扩大俄国的领土面积。1774年、1792年,俄国与奥斯曼土耳其先后交战两次,1790年,与瑞典作战。在瓜分波兰的过程中,俄国占领了波兰的大部分地区。然而农奴的处境并没有得到改善,国家征收重税以支付政府的巨额开支,农奴任何埋怨或不满都会遭到严厉的惩罚。1773年,俄国发生暴动,政府残酷地镇压了暴动,以警诫其他人的反抗。

☆英国工业革命

在英国资产阶级革命结束之后,这个岛国又发生了震惊世界的另一场革命——工业革命。英国工业革命首先从棉纺织业的技术革新开始。1764年,织工哈格里夫斯的妻子珍妮在纺纱时不小心打翻了自己的纺车,哈格里夫斯看见横架上的纺锤直竖起来后,仍在继续转动。他灵机一动,即把纺锤改为竖装,增加了纺锤数目。这种改动一下子提高了纺纱速度。为了纪念他的妻子,他就把改进的纺车命名为"珍妮机"。由于纺纱机只能在家里由人来纺,仍有很多不便,于是,1769年,理发师阿克莱制成水力纺纱机,以水力作动力,大大提高了效率。后来,童工出身的

新式工厂

克伦普顿结合以上两种机器的优点,发明了一种新的机器,起名为"骡机",意为犹如驴马杂交产生了骡。他的发明使纺出的纱既快又好。

但是,这些机器都是以水力为动力的。厂房要建在有水的地方,这就限制了机器的广泛使用,因而迫切需要解决动力问题。用什么力量来推动机器呢?很多人都在动脑筋想办法。这时修理工瓦特想到了用蒸汽的力量来推动机器,经过反复试验,瓦特成功地制成了联动式蒸汽机。蒸汽机的发明,把热能转化为机械能,是人类认识和利用自然力的一次巨大突破,它作为一种新的动力,可以被广泛应用,由此推动了冶炼业、采煤等行业的发展,促进了工厂的建立。这一时期,英国出现兴办工厂热,新工厂如雨后春笋星罗棋布般遍及全国。一批新兴工业城市也纷纷崛起,如曼彻斯特、利兹、伯明翰等。以往,英国国内的交通

珍妮纺织机

运输主要依靠运河，工厂建立后，需要运送很多货物和原料，这就要求快捷便利的交通运输。于是，人们开始利用蒸汽动力试制机车，发展铁路运输。1814年，史蒂芬逊终于发明了第一辆蒸汽机车。1825年，史蒂芬逊主持修建了英国也是世界上第一条铁路，开始通车运行。这辆机车拖带34节客、货车，用3小时走了25千米，这是人类历史上第一次的铁路运输。不过，当时的那辆火车还是用机车和马同时带动的。这样，铁路运输取得了成功，史蒂芬逊也就被称为"火车之父"。铁路运输的出现更加有力地推动了英国工业的发展，由此，英国工业革命进入完成阶段。

英国工业革命是人类历史上最重要的一次革命，机器的发明、工厂的建立使英国从农业国变成了工业国，成为当时世界上的头号强国。

蒸汽机车

☆ 启蒙运动

启蒙运动是指从18世纪末到19世纪，在欧洲出现的一系列关于政权、宗教

亚当·斯密像

信仰、个人自由等方面的新思想运动。

18世纪中期，科学知识突飞猛进，随着科学进步，人们的思想也发生了重大变化，开始探求事物的本原：为什么是这样？人们不断地提出这样的问题。当时的化学、生物学等学科就是在这种不断的提问中发展起来的。人类对物理学、天文学的认识也大有进步。由于人类开始研究人体构造和身体的运行，医药行业也进步了很多。

这个时候，人们也开始把目光投向宇宙、社会和人。法国哲学家伏尔泰撰文抨击当时的教会和政府；另一位哲人卢梭则批评了文明本身，认为人们拥有仅够满足基本需要的少量财产即可，不该攫取更多的权利和财富。伏尔泰和卢梭的观点对独

18世纪聚会在文学沙龙里的文学家和百科全书派成员

裁专制政府、对人们的传统观念——认为贵族和教会人士就应该享有特权,构成极大的威胁和挑战。启蒙运动时期,其他伟大的思想家还有:经济学家亚当·斯密,历史学家大卫·休谟,哲学家伊曼纽尔·康

伏尔泰塑像

德及作家玛丽·沃尔斯通·克拉夫特,文豪塞缪尔·约翰生。

这些伟人的思想观点和同时期其他学者和思想家的观点,很快就传播起来。许多人把自己的思想写进书中或小册子里,有些人给报社投稿发表自己的观点,还有的到处做讲座宣传自己的思想观点。法国受过良好教育的有钱人,常常聚集在贵妇人家的客厅里,评论最新的著作、戏剧或当天的事件。

人们开始对政权的组织形式、政府的运作方式质疑。人人生而享有追求知识、自由、幸福的权利,这个观点深深影响了进行独立战争的美国民众,以及进行法国大革命的人民。这个观点还最终导致奴隶制度的彻底瓦解,以及西属南美殖民帝国的分崩离析。

☆ 奥地利和普鲁士帝国

19世纪,欧洲的国家大多数继续实行君主专制。高高在上的君王,下令修建豪华的宫殿,吸引艺术家和知识分子来到他们开明的王朝。当时欧洲最富强的两个国家是奥地利和普鲁士。

那时,统治奥地利的是哈布斯堡家族,这个家族自14世纪起,就主导着欧洲的局势。通过作战、继承关系和联姻,哈布斯堡家庭控制了欧洲的大片领土。到17世纪,该家族的疆域太过广大了,一个统治者根本管理不了。于是,哈布斯堡的皇帝,查理五世(西班牙称之为查理一世)把他控制的领土分为两部分。一部分以西班牙的马德里为控制中心;另一部分以奥地利的维也纳为控制中心。1700年,西班牙的哈布斯堡统治者死了,而在奥地利的哈布斯堡家族仍在行使着自己的权利。

1740年,玛丽亚·特里沙登上奥地利王位。在她的统治下,濒于崩溃的奥地利又恢复了往日的雄风。从那时起奥地利成为欧洲的艺术中心,欧洲各地的艺术家都纷沓而至,前来参与它宏伟的建筑计划。

1780年,玛丽亚的儿子,约瑟夫二世继位。约瑟夫深受启蒙运动的影响,关心贫苦人民的生活,并着手改革,例如,解放农奴,废除贵族特权等。

欧洲另一个富强的国家是普鲁士。

18世纪的奥地利首都维也纳

腓特烈大帝像

1740年,腓特烈二世(又称腓特烈大帝)登上普鲁士王国的王位。他继位时,普鲁士王国是一个治理得井井有条、国力强大的王国,有一支作战高效、纪律严整的军队。借助这支军队,腓特烈二世巩固了普鲁士在欧洲的强国地位。

腓特烈二世是位杰出的将领,他打得最为出色的一仗是1757年在罗斯巴赫战役中彻底击败了法国、奥地利联军,当时法奥联军是普鲁士军队的两倍。在他统治下,普鲁士成为欧洲强国之一。他在位期间行之有效地推行经济和宗教改革,废除旧思想,不再仅仅凭借专制强权来改良社会。

☆ 大洋洲的发现

大洋洲由散布在太平洋中的岛屿组成。最大的岛屿是澳大利亚。生活在太平洋上的各民族以捕鱼、种植和畜牧度日。在很长一段时间里，与别处相比，欧洲人对地球上这块地区的了解最少。在16世纪，第一次地理大发现之后，人们采用了科学方法进行地球勘察，地理学家力图证实一个位于南半球的大陆的存在。他们终于找到了一块辽阔的土地，称它为"澳大利亚"（意为"南面的"）。1766到1769年间，法国航海家布干维尔作了一次环球旅行，在太平洋上发现了波利尼西亚群岛，其中最大的岛屿是塔希提岛。他在游历记中把这些岛屿描绘成人间的天堂。从1768年开始，英国水手詹姆斯·库克率船队3次远

库克在夏威夷被杀死

航，跑遍了整个太平洋，从新西兰直至夏威夷群岛，又沿澳大利亚东海岸前进，他以英国国王的名义，宣布这些地区归英国所有。他绘制了精确的大洋洲地图，接着继续往南行进，穿越了南极圈。

库克于1768年到1771年进行了初次航海。他首先到达塔希提，接着环新西兰航行一周，在澳大利亚登陆。这时他描绘了澳大利亚东海岸的地图。第二次航海（1772～1775），为探险想象中的南方大陆，特拉·阿斯托拉丽斯调查南冰洋，将新喀里多尼亚、挪神福克岛等各岛记入地图。1776年到1779年的第三次航海，库克寻找西北航线，从塔斯玛尼亚北上太平洋，到达白令海峡。归途中，他在夏威夷与岛民的搏斗中被杀害。

澳洲的发现者库克塑像

☆ 美国的诞生

美国最早的国旗图案是：左上角有一片蔚蓝色方块，13颗白色小星围成一圈点缀其上，右下方是红白相间的13条横杠。13这个数字有一定的象征意义。

18世纪上半期，英国在北美已经建立了13个殖民地。英国政府在那里实行残暴的统治。他们一面屠杀当地的土著居民，从非洲掠夺来大批黑人充当奴隶；一面对殖民地其他人民（主要是从英、法、荷兰和西班牙等国来的移民）横征暴敛，征收名目繁多的苛捐杂税，限制北美工商业的发展，还不准人们向北美大陆西部迁移。这一切激起了殖民地人民反抗的怒火，他们发出了"我们都是美利坚人"等要求民族独立的呼声。英王乔治三世恼羞成怒，

早期殖民地

1620年，一群自称朝圣者的英国清教徒乘船来到美国，在马萨诸塞州的普利茅斯建立了殖民地。他们是最早的来自欧洲的居民。图为在原地点重现的该殖民地。

决定派出大军前往镇压。1775年4月，当一队英军偷袭波士顿民兵西北郊的秘密军火库时，民兵们立即集合，奋勇迎战，在列克星敦打响了抗击英军的第一枪，美国独立战争开始了！

1776年7月4日，由13个殖民地代表组成的大陆会议发布由杰克逊和富兰克林起草的《独立宣言》，正式宣告北美殖民地独立，从此成为自由独立的美利坚合众国。这13个殖民地成为美国最早的13个州，国旗上的13颗小星和13条横杠就是它们的象征。1783年，美国人民终于打败了不可一世的大英帝国，迫使它承认了美国的独立。

约克镇战役

约克镇战役发生于1781年，英国在这次战役中战败投降，正式承认美国独立。

☆ 法国大革命

18世纪,法国社会分成三个等级,第一等级是贵族,第二等级是教士,第三等级是平民。这三个等级中,只有第三等级的人纳税,随着赋税的加重,人们的不满情绪也日益增加。

1788年,农业受天灾影响,粮食稀缺,物价陡增,许多贫苦的人民都处于饥饿状态。而国王依然奢侈无度,再加上战争耗资巨大,国库空虚,加重了对第三等级人

1793年路易十六被处死

民的剥削。第三等级中许多受过良好教育的人士都推崇启蒙思想,他们中有些人还参加过美国的独立战争。这也让他们认识到,法国的社会是多么的不公平。1789年,法国国王路易十六召开三级会议(法国最接近国会性质的会议),试图征收更多钱财。第三等级开始反抗,他们的观点是:如果交税就得有权参政议政。路易十六断然拒绝了他们的要求,并把代表们赶到召开三级会议的凡尔赛宫门外。

攻陷巴士底狱

第三等级的代表们决定,在凡尔赛宫外的网球场上召开自己的会议,而且称他们的会议为国民议会。代表们宣称,国王不听取他们的要求就不离开这个地方。法国其他地方的动乱也逐步升级——巴黎平民攻陷了皇家监狱巴士底狱。很快全国都发生了动乱。

国民会议通过了《人权宣言》,宣言中包括自由、平等和反抗压迫的权利。路易十六不承认他们的宣言,于是他和他的家人被捕,被从凡尔赛宫押回巴黎,关押在

法国画家德拉克洛瓦笔下的法国大革命

杜勒丽。直到1793年，身为国王的他仍然拒绝给予人们权利，最后路易十六在这一年被审判处决。

这标志着罗伯斯庇尔领导的革命恐怖统治的开始。恐怖统治一直持续到1794年，期间成千上万的人被捕处死。奥地利、英国、荷兰、普鲁士、西班牙纷纷对法国宣战。事态的发展震慑了法国罗伯斯庇尔的同僚们，他们处死了罗伯斯庇尔，组建了新政权，由5个人组成的督政府。1795年，内战的威胁成就了一个野心勃勃的法国将军，他就是拿破仑·波拿巴。

☆ 拿 破 仑

拿破仑·波拿巴于1769年出生于意大利科西嘉岛的阿亚克修城。他出身贵族家庭，在法国军队中崭露头角，一直做到了法国皇帝。19世纪初，频繁的战事让这个野心勃勃的政治家，有机会施展自己的抱负，最终统治了欧洲。

拿破仑的战争对手——纳尔逊将军

拿破仑加冕仪式

15岁时，拿破仑就读于在巴黎的法国军校。1785年，他晋升为军官。法国大革命时一度支持雅各宾派。1793年，他在法国、西班牙军队的帮助下，攻占了法国反对派占领的土伦港，赢得了他一生中的第一次胜仗。之后，他失宠于法国领导阶层。直到1795年，他被统治者召回，保卫巴黎，镇压发动内战的反抗分子。1796年，他被任命为意大利方面军司令，到1797年，他已经征服了米兰和曼图亚两地。

其他意大利公国，如撒丁岛公国、那不勒斯公国都纷纷投靠拿破仑。随后，拿破仑奉命征服埃及。法国欲借侵入埃及之机，切断英国通往印度的贸易路线，造成英国失业率大幅上升，引起英国国内动乱。1798年，法军在金字塔战役中击败埃及军队，然后，又在阿布基尔湾海战中击败了奥斯曼土耳其舰队，这正好赶在英法尼罗河海战之前。在英法尼罗河海战中，英国海军总司令纳尔逊指挥的英国海军舰队击败了法国海军舰队。

拿破仑返回法国,决定推翻当时执政的督政府。大革命之后,法国社会一直处于动荡之中,这时的法国正需要一个强有力的政权和领袖。所以人们都盼着拿破仑回国。1799年11月,拿破仑返回巴黎,发动政变,推翻督政府的统治。1802年,拿破仑颁布《拿破仑法典》,法典中保留了法国大革命时期颁布的新法的一部分条文。法典中规定,公民在法律上平等,人们的财产权受法律保护,人人享有宗教信仰自由。

拿破仑骑马像

☆滑铁卢战役

1815年6月18日上午,比利时南部的滑铁卢村格外宁静,这是恶战前的宁静。在一条长长的山冈上,英国名将威灵顿公爵的约七万士兵摆成了一条横线。山谷的对面是赫赫有名的法兰西帝国皇帝拿破仑的十多万军队,双方严阵以待。11时35分,

滑铁卢战役

随着三声炮响,滑铁卢血战的帷幕拉开了。法军80门大炮一齐开火,排山倒海的骑兵呼啸而来,成千上万的法军登上了英军阵地的山脊,可是英军的抵抗也极其顽强。血战一个下午,英军阵地十多次易手。黄昏时分,拿破仑孤注一掷,把从不轻易使用的近卫军全部投入了战斗,向威灵顿的主力实行最后一次攻击。

此时,普鲁士军队的一个兵团已赶来增援英军,威胁着法军的右翼,可是拿破仑却毫不理会。他坚信东线的一支法军马上会来增援,只要坚持住这关键的一刻,英普盟军的败局就定了。在近卫军的勇猛攻击下,英军防线开始发生动摇,威灵顿用"与阵地共存亡"的命令拒绝了所有各路军队的求援,他也认为自己快完了。可就在这时,他的援军到了,三万多普军从侧后方向法军

猛攻,早已精疲力尽的法军腹背受敌,立即全线崩溃,拿破仑战败。这是拿破仑的最后一仗,他终于败在"反法同盟"的英普军队手下。这位称雄一时的军事家和政治家从此销声匿迹了。

库图佐夫

1812年,拿破仑率军入侵俄国,遭到惨败。库图佐夫就是指挥俄军打败拿破仑的俄国将领。

☆ 1848年欧洲革命

1848年,欧洲许多国家爆发革命运动。这些运动的爆发与1846年的经济危机有关,同时也是由于各国自治意识的觉醒。革命分子,往往是社会主义者,强烈要求获得更多的公正和自由。革命首先在法国巴黎爆发,巴黎人民起义反对国王路易·菲力普,建立了第二共和国。接着,奥地利首都维也纳的市民也发动起义,赶走了政府首脑——首相,并激励捷克和匈牙利人民揭竿而起。在包括39个邦国的德意志联邦,德意志各族人民为建立一个统一国家而斗争。在分割为许多王国的意大利,人民群众也同样为国家的统一和摆脱奥地利统治而战斗。这一起义浪潮被称作"人民的春天"。然而,在6至8个月的时间内,各地的革命均被扼杀,民族运动被镇压,政府军队与起义者直接对抗,导致成千上万的人丧生。

尽管遭到镇压,人民毕竟赢得了一些重要权利,斗争取得了一些胜利。在奥地利,法朗索瓦·约瑟夫一世废除了封建领主特权。在俄国,1855年开始掌权的沙皇亚历山大二世采取了一些重大改革,如1861年取消奴隶制。这促进了国家的工业发展,当时俄国的版图已西达黑海,东至西

朱赛佩·加里波第

朱赛佩·加里波第(1807~1882)参加了1834年的意大利起义,起义失败后,他被迫流亡国外,在南美等地流亡了10年。1848年,意大利革命爆发,他返回意大利参加革命,但是革命失败,加里波第再次流亡。之后,加里波第再次回国,支持维克多·曼努尔,并于1860年组成红衫军,率领1000人从热那亚出发,解放了西西里和那不勒斯。

伯利亚。在法国，拿破仑一世的侄儿拿破仑三世建立了第二帝国。在意大利，撒丁国王维克托·伊曼纽尔在拿破仑三世的帮助下，于1859年赶走奥地利人，实现了意大利部分地区的统一。1860年，共和派人士加里波第率"千人军"征战西西里，大获全胜，接着又收复意大利南部，基本完成了意大利的统一。1861年，意大利王国宣告成立。在德意志联邦，普鲁士王国首相奥托·俾斯麦领导了统一国家的运动，率军与奥地利展开激战，于1866年击溃敌人。此后，他于1870年统一所有德意志邦国，投入反对法国的战争，并最终取得胜利。德意志帝国（德文中"帝国"一词意味着国家统一）于1871年1月18日在法国凡尔赛宫宣告建立。

1848年的维也纳革命者

☆ 大英帝国

维多利亚女王(1819~1901)于1837年继承英国王位，统治英国达64年。她继位时，英国凭借贸易和工业发展，已经成为

英国皇家卫队

世界上最强大、最富足的国家之一，同时也是矛盾重重的国家之一。国内的大土地所有者和资产阶级过着奢华的生活，而住在乡村和城镇里的穷人们，却过着困苦不堪的生活。

英国的财富大多是来自它的殖民地，所有这些殖民地和英国一起称为大英帝国。最早的殖民地是在17、18世纪建立的，在遥远的地方，如加拿大、印度、澳大利亚和加勒比海地区。拿破仑战败后，各国签订《维也纳条约》，英国获得了更多殖民地，它们包括：新西兰、太平洋和大西洋上的诸多岛屿、远东的部分地区、非洲大片地区。直到最后，大英帝国疆域最大时竟占有世界上1/4的土地和全世界1/4的人口。

各殖民地主要是为英国的工业发展提供原材料，同时殖民地也是他们生产商品的倾销基地。起初，各殖民地由在各地

维多利亚女王像

成立的贸易公司管理,例如,印度的东印度公司,加拿大的哈德森海湾公司。后来,这些殖民地都由英国王室直接管辖。印度是英国最看重的殖民地,所以英国下了很大血本维护到印度的贸易通道,保护与印度的贸易关系。

1869年,苏伊士运河开通之后,就更证明了这一点。苏伊士运河的开通把英国和印度之间的航程缩短了6436千米。随着英国牢牢地确立了它的统治地位,各殖民地建起了种植园,生产茶叶、蔗糖、咖啡和香料等,供应英国市场,经济状况也有所改变。还有一些种植园专门生产橡胶或棉花。许多英国人移民到加拿大、澳大利亚、新西兰等地,在那里建农场,种植小麦,饲养牛、羊,并出口到英国。

然而,到维多利亚女王统治后期,英国开始丧失它在工业方面世界领头羊的地位。有些殖民地,虽然一直是帝国的一部分,实际上却早已独立,如加拿大、澳大利亚等,早已成为自治区。

☆ 美国南北战争

美国独立以后,南北两地的情形很不一样。资本家控制着北方,在那里发展资本主义经济;南方则被奴隶主控制,他们经营大种植园,迫使黑人从事奴隶劳动,巩固和发展黑奴制。南方庄园主们想不断扩大地盘,使用更多的奴隶;而北方资本家们却想把奴隶主占有的大批劳动力争夺过来。

南北战争南军旗帜

南北双方的矛盾越来越尖锐了。

1860年,主张逐步废除黑人奴隶制的林肯当选为美国第16届总统,这使南方奴隶主们惊恐万状。就在第二年初,林肯宣誓就职没几天,他们公开发动了叛乱。11个蓄奴州组成南部同盟,也推选了一个总统,并且派军队向北方发起进攻。林肯政府只得仓促应战。起初,北方军队连连败退,首都华盛顿也险些失陷。

怎样才能挽回败局?林肯终于下了决心,发表《解放黑奴的宣言》,宣布从1863年1月1日起,南方叛乱各州的黑人奴隶成为自由人,他们都可和白人一样参

葛底斯堡战役

葛底斯堡战役发生于1863年7月,是美国南北战争的重要转折点。大约85000名联军由乔治·米德将军率领,击垮了约75000名由罗伯特·李将军率领的南部联邦士兵。南部联邦军队再未能从这次毁灭性的失败中真正恢复元气。

加联邦军队作战。《宣言》发表后,三四十万黑人高唱战歌加入了北方军队,留在南方的黑人也在叛军后方发动了游击战。这时候,林肯又选拔人才,改组军事指挥机构。经过多次激烈战斗,北军逐渐转败为胜。1865年,北方军队攻占了叛军老巢里士满。历时4年的南北战争以南方奴隶主的彻底失败而结束了。

☆ 美国西进运动

美国自1776年宣布独立以来,许多欧洲人都来到这里定居。最初,大多数人都在东部各个州安家落户,极少数人去过现在的俄亥俄州、密歇根州、印第安纳州和伊利诺伊州等地所在的西部地区。

1825年,伊利运河凿通之后,旅客运输、农产品运输及工业产品运输变得非常轻松,于是更多的人搬到五大湖区周围的地方定居。1803年之前,法国控制着密西西比河以西的大片地区,即现在的路易斯安那州所在的地方。这一年,美国从法国人手中买下了这个州。不久,探险者和商人就向更西部进发探险,在荒野中开辟出道路或留下踪迹,以便后来到西部定居的人沿着他们走过的路前行。

1848年,美国、墨西哥战争结束后,人们开始向这块西部的新土地挺进。

这些人就是所谓的拓荒者。他们组成一大队人马,乘坐着大篷车,浩浩荡荡向西部进发。他们随身带着食物、工具和家具,不单纯是为了旅途使用,更是为了在西部建立新的家园。他们到达目的地之后,就选个合适的地方住下来,着手清理土地,准备种庄稼。他们把树砍倒,锯成木板盖房子,把树墩刨出来,把开出来的地方犁好,种上种子。如果种下的庄稼没收成,一家人就要饿肚子,就得到野外采集东西吃。

东部的人征服西部地区的场景

那时候,在西部没有城镇、商店,有钱也买不到吃的、用的。

虽然困难重重,还是有越来越多的人赶来西部。1848年,在加利弗尼亚发现金矿。1856年,在内华达州、科罗拉多州分别发现金矿,大批来自世界各地的探矿者来到西部。1862年,美国国会颁布《宅地法》,这项法规中规定,任何愿意到西部定居、务农的家庭,只要支付少量费用,就可以得到65公顷土地的5年免费使用权。政府的举措得到很多人的响应,特别是内战结束后,更多的人响应了这个号召。而大草原及其以西的广袤土地,却是从美洲原住民那里抢来的。这些原住民在这片土地上已经生活了几千年了。

☆ 明治维新

1868年2月,日本京都皇宫内的一间房子里,明治天皇正与英、法、荷兰等国

日本明治天皇像

1905年的东京

的驻日公使进行会谈。明治天皇向他们介绍了新政府组成的情况,接着郑重宣布,坚决放弃德川幕府时期的闭关锁国政策,立志开国进取。由此开始了日本历史上的维新改革,史称"明治维新"。

新政府一成立,立即派出庞大的遣欧美使节团出访欧美,历时两年。通过考察,日本政府坚定了学习欧美西方国家的决心,确立了三项基本国策,即富国强兵、殖产兴业和文明开化,立志要使日本实现现代化,与欧美强国并驾齐驱。为了实现富国强兵,明治政府以天皇名义颁布《五条誓文》和《政体书》,实行新宪法。在政治体制上确立三权分立,在全国"废藩置县",原来的地方最高长官——藩主被剥夺一切权利,全部迁到首都,由国家供养起来。新设的府、县长官均由中央任命,以削弱地方权力,加强中央集权。同时,着手建立近代军队,按照欧美方式训练士兵,提

日本明治时代的装饰品

高军队的战斗力。

明治政府集中财力建立近代基础工业和基础设施，殖产兴业，发展资本主义。1869年，东京与横滨架设了第一条电信线路并开通电报，1872年，又修建了东京至横滨的铁路，这是日本第一条铁路。明治政府还大力扶植私营企业，培植近代财阀，先后出现了三井、三菱、住友等大财阀，这些财阀至今仍是日本大的经济集团。为促进经济发展，明治政府大力移植欧美经济制度，如移植股份有限公司，兴办日本的株式会社；移植银行制度，大办国立银行；设立股票交易所，颁布股票交易条例，鼓励人们从事股票买卖；建立近代保险事业，开办了日本第一家保险公司日东保生会社。

明治政府推行文明开化和教育改革，大力培养优秀人才，一再重申，国家的根基在于人才，人才在于教育。1873年，政府颁布"学制"，要求实现每个村庄没有不读书的家庭，每个家庭没有不念书的人。此后，全国出现了家家孩子读书忙的景象。1895年，全国有61%的学龄儿童读书。随着教育的发展，政府又相继建立了工业、农业、商业等实用性学校，培养技术人才，此后又建立大学，1877年建立东京大学，形成了完整的近代学校教育体制。在大办教育的过程中，政府特别注重提高教师的社会地位，明文规定教师的待遇高于其他行业。因此，在日本，教师待遇优厚，地位较高，受到特别的尊重。时至今日，依然如故。

明治维新是一次资产阶级性质的改革，通过改革，加速了日本的经济发展，使日本由原先落后的岛国一跃而跻身于世界强国之列。明治维新成为日本走向资本主义现代化的起点。

☆ 铁血宰相俾斯麦

19世纪中叶，只要打开德意志的地图便会发现，德意志名义上是联邦国家，但实际上仍是各邦国分裂割据。因此，统一便是当时德意志的首要任务。就在这时，担任普鲁士邦宰相的俾斯麦（1815～1898）提出了实现统一的主张，他在议会中慷慨激昂地宣称："德意志并不靠普鲁士的自由主义，而靠它的强权……当代重大问题不是说空话和多数派决议所能解决的……而必须用铁和血才能解决。"即必须用武力来实现统一。由此，俾斯麦就以"铁血宰相"而名载史册。

为了达到统一德意志的目标，俾斯麦

精心策划,发动了3次战争。第一次联合奥地利打败了丹麦,把丹麦控制下的两个邦国夺取到手,随后又发动了对奥地利的战争,并获得胜利。在取得前两场战争的胜利后,俾斯麦第三个目标就瞄向了法国,他要打败法国,使法国无力阻扰德意志的统一。

为了发动对法战争,俾斯麦蓄意制造借口,他把一份原本很正常的外交电报进行篡改,使之带有对法国侮辱与挑衅的意义。俾斯麦暗自得意,预料电文一发表就"将对高卢牛起到一块红布效果"。果然不出所料,法国皇帝一看电文立刻便向德意

在色当战役结束后,拿破仑三世向威廉一世求和

志宣战,一场大战爆发,俾斯麦计谋得逞。一开始,法军就接连败北,色当战役更是惨败,10万法军被俘,皇帝拿破仑三世只好竖起白旗投降。1871年1月18日,在一片欢呼声中,俾斯麦和国王威廉一世来到巴黎凡尔赛宫的镜厅,宣布成立新的德意志帝国。至此,德意志实现了统一。

☆第一次世界大战

自有人类以来,战争已有了几千年的历史,可是像第一次世界大战这样规模的战争,却是空前的。这次大战历时1565天,参战国家33个,卷入战争漩涡的人口在15

奥托·冯·俾斯麦

俾斯麦(1815~1898)在1848年的普鲁士革命中开始崛起,革命结束后,逐渐掌握了普鲁士王国的大权,他于1862年成为普鲁士外交大臣,并决定统一北德意志各公国,建立以普鲁士为首的北德意志联邦。为了达到这个目的,他率领普鲁士军队先后与奥地利、法国作战。1871年,德意志统一,俾斯麦担任德意志联邦的第一任首相。

一战中的德国机关枪

德国福克 Dr.1 战斗机

德国王牌飞行员里希特霍芬驾驶这种战斗机,在一战中共击落了80架协约国飞机。

亿以上;在这次战争中,英国发明了坦克,德国悍然使用了毒气弹,飞机也作为武器投入战斗;有约1000万名士兵直接死于这场战争,2200万人受伤(其中700万人终身残废),失踪者500万人以上……

19世纪末20世纪初,德国经济迅速发展,国力日益强大,它渴望成为世界新霸主,迫切要求从老牌资本主义国家手中抢夺殖民地。为此,德国拉拢奥匈帝国等国家,组成"同盟国"集团,加紧了扩军备战。世界头号殖民帝国英国也不甘示弱,纠集俄、法等国,组成"协约国"集团,到处扩

一战中使用的飞机

张。这两大军事侵略集团明争暗斗,它们都急切地盼望着战争。

终于,时机来了。1914年,奥匈帝国以它的皇太子被刺杀(萨拉热窝事件)为理由,向塞尔维亚宣战。早已迫不及待的俄、法、德、英等国迅即参战,第一次世界大战全面爆发了。1918年11月,大战以德国投降、同盟国集团的失败而告终。协约国集团立即召开"和平会议",重新瓜分世界。可是,德国并不善罢甘休,20年后它又挑起了规模更大的第二次世界大战。

第一次世界大战战壕中的士兵

☆萨拉热窝事件

1914年6月28日,一个阳光明媚的星期天,一列壮观的车队正向波斯尼亚首府萨拉热窝市区缓缓驶去。车上坐的是奥匈帝国的皇太子斐迪南大公,旁边坐着的贵妇人是他的妻子。斐迪南是一个狂妄的军国主义分子,他妄想吞并塞尔维亚。这次他来波斯尼亚观看军事演习,把塞尔维亚作为假想敌人,这激起了塞尔维亚爱国青年的极大愤怒,他们决定趁斐迪南访问萨

斐迪南夫妇

拉热窝时杀掉他。车队从市政厅开出朝博物馆驶去，当斐迪南来到拉丁桥时，发现路线不对，命司机掉头，这时斐迪南的车子正停在离19岁的塞尔维亚青年普林西普两米远的地方。普林西普一个箭步跳到车前掏出小手枪，"砰砰"开了两枪。第一颗子弹射进斐迪南的脖子，第二颗子弹打进他妻子的腹部，俩人依然挺直坐着，呆滞的目光凝视着前方。不一会，随着车子的震动，斐迪南口中喷出一股鲜血。11时多，夫妇俩双双死去。斐迪南夫妇被刺，给帝国主义发动战争找到了极好的借口。萨拉热窝事件成了第一次世界大战的导火线。

枪击斐迪南夫妇

☆十月革命

冬宫，是历代沙皇专制统治的象征，它位于彼得堡市中心的涅瓦河畔。1917年二月革命后，俄国资产阶级临时政府取代沙皇而进入冬宫，一面继续帝国主义战争，一面加紧镇压以列宁为首的布尔什维克党所领导的革命运动。

1917年11月6日临时政府封闭了布

在十月革命中布尔什维克示威游行

尔什维克党的机关报，情况紧急，列宁提议立即起义。当晚，工人赤卫队和士兵占领了彼得堡的主要交通要道、电报局、政府部门等战略要地。7日（俄历10月25日）上午"阿芙乐尔"号巡洋舰向全世界播出了由列宁起草的《告俄国公民书》，宣告临时政府被推翻。

然而临时政府仍据守冬宫负隅顽抗，依仗2000多守军和坚固的防御工事，拒绝革命军事委员会的最后通牒。最后，列宁下令进攻冬宫。当时针指向晚上9时45分时，一道耀眼的光划破夜幕，继而一声轰响

——"阿芙乐尔"号巡洋舰向冬宫开火了，赤卫队员们冲向冬宫，与临时政府官兵进行了艰苦的白刃战，并保住了宫内悠久的艺术珍品。最后，赤卫队员们冲到了三楼的孔雀厅，推门而入，向临时政府的16位部长宣告："先生们，你们的公事完了！"彼得堡武装起义胜利了，人类第一个社会主义国家由此诞生。

列宁会见来访农民

☆法西斯的兴起

对于20世纪的人们来说，法西斯并不是一个陌生的名词，它成了恐怖、独裁、暗杀、种族灭绝和军国主义的同义词。那么，法西斯是什么意思？它又是如何起源的呢？

"法西斯"一词最早起源于古罗马，是执政官的扈从肩扛的一束苔棒，象征国家的至高无上的权力。当代法西斯起源于意大利。1919年3月，法西斯的鼻祖墨索里尼在米兰组织了"法西斯意大利战士团"，这个团体的成员身着黑衫，因而又名"黑衫党"。他们自成立之日起就大肆诋毁和镇压工人运动，因而很快得到资本家的赏识和厚爱。1921年11月，墨索里尼召开大会，正式宣告法西斯党成立。当时正值意大利战后经济危机，法西斯提出了一些蛊惑人心的口号，煽动民族沙文主义，迎合了一些陷入绝望、好走极端的小资产阶级分子的心理，使法西斯势力急剧膨胀，到1922年就发展到了30多万人。1922年10月，在那不勒斯的法西斯大会上，墨索里尼公然宣布对议会下院诉诸武力，并集合上万名全副武装的党徒向罗马进军。10月28日，法西斯武装开进首都罗马，发动政变，意大利陷入全面的政治危机。

29日，国王电请墨索里尼组阁，30日，墨索里尼从米兰来到罗马，就任内阁总理。法西斯就这样在一个国家夺取了政权。1925年1月3日墨索里尼公开宣布实行法西斯极权统治，集一切大权于一身，自称政府首脑。在他统治意大利的21年中，对内取消一切党派，镇压工人和民主运动，宣传沙文主义和种族主义思想；对外大搞扩军备战，全力推行扩张政策，以"新凯撒"自诩，不断发动法西斯侵略战争，对世界人民犯下了滔天罪行。

法西斯崛起后不久，德国和日本也相继建立了法西斯专政。法西斯的上台，建立了"金融资本的极端反动、极端沙文主义、极端帝国主义的公开恐怖独裁"专政。这一切预示着，一场世界性的大劫难将要来临。

☆ 希特勒上台

阿道夫·希特勒是德国法西斯的创始人和纳粹党魁，第二次世界大战的头号战犯。他原籍奥地利，后移居德国。1919年希特勒参加德国工人党（后改称为"国家社会主义德国工人党"，音译为"纳粹"），不久成为该党领袖。他亲自设计了纳粹的党旗——红底白圆中嵌个黑色字，并解释说黑字是日耳曼祖先的武器，是斗争和胜利的象征，后来他成了纳粹的标志。

1923年11月8日，希特勒率其党徒在巴伐利亚发动了"啤酒店暴动"，胁迫当地军政首脑支持他向柏林进军，以夺取全国政权，结果政变失败，他被判处5年徒刑。在狱中希特勒写下了《我的奋斗》，书中鼓吹日耳曼人是世界上最优秀的民族，号召德国人对外扩张，并煽动军国复仇主义思想和建立军事独裁统治。1929～1933年经济危机使德国遭受了沉重的打击，促使工人运动不断高涨，并导致政府不断更迭，

虎式坦克

虎式坦克是第二次世界大战中纳粹德国使用的一款著名重型坦克。虎式坦克自1942年开始生产，特别设计用于反制德国在巴巴罗萨作战初期遭遇的苏联优秀坦克，特别是T-34和KV-1，之后更参与了欧洲战场各重大陆上战役。虎式坦克的主要武器为已在防空和反坦克中表现优良的88毫米高射炮衍生型——88毫米坦克炮，但其极为重型的装甲使得其速度变得极慢，为德军第一种将机动力顺位置于火力与防护力之后的坦克。

虎式坦克的车体前方装甲有100毫米厚、炮塔正前方有120毫米厚，两旁和背面也有80毫米厚的装甲，而当时被定位为主战坦克的四号坦克车身前方只有80毫米的厚度，且炮塔正前方也只有50毫米厚。这样的厚度能够抵挡大多数二战时期接战距离，尤其是来自正面的反坦克炮弹。

二战时期德国的虎式坦克

1928 至 1933 年间，德国共更换了四届政府。为了摆脱政治经济危机，1932年11月，德国 17 个工业、银行业巨头联名上书总统兴登堡，要求让希特勒组阁。1933 年 1月30日，希特勒就任总理，翌年接任总统。

希特勒及其纳粹党上台后，首先在国内建立了法西斯独裁统治。他们解散了共产党和其他政党及工会组织，在其执政的头6个星期内就逮捕了18000名共产党员，并迫使所有工人和农民加入他们所控制的"德国劳工阵线"和"全国农会"。希特勒还组建了秘密警察部队（盖世太保），和党卫军、冲锋队一起，在全国遍设集中营，肆意捕人、杀人，建立了法西斯的白色恐怖统治。

从 1933 年起，纳粹德国开始走上军国主义道路。他们首先全面改组国民经济，把德国经济纳入了战争轨道。为了扩军备战，希特勒提出了"要大炮不要黄油"的口号，国家拨出巨额经费扩建军事工业，1933～1939 年，德国军费高达 900亿马克，相当于同期国家预算的3/5。到1939年，德国已拥有70万正规军和300万预备役部队；海军拥有 170 艘现代化舰艇；空军拥有8000多架战机，超过英、法、波三国空军的总和；其军火生产则超过英、美两国总和的两倍以上。至此，纳粹德国已作好了战争准备，乌云再一次笼罩在欧洲上空。

☆ 罗斯福新政

1932年，美国白宫迎来了一位新总统——坐在轮椅上的富兰克林·罗斯福。别看他因患小儿麻痹症而失去行动自由，只能靠轮椅代步，但就是这位下肢瘫痪的总统却用他的智慧和政策挽救了瘫痪中的美国经济，这就是"罗斯福新政"。

从1929年开始，欧美工业化国家全都陷入了一场严重的经济危机之中。美国遭受的打击最为严重。到1932年，已有13万家工商企业倒闭，1万家银行破产，1/4的工人失业，大批农民破产，经济倒退了20多年。而资本家宁愿把牛奶倒进密西西比河，用小麦来烧火，也不愿降价出售。

老百姓在死亡线上挣扎，忍饥挨饿，露宿街头，再也忍受不下去。那个曾许诺

罗斯福在签署文件

上台后要让每家工人锅里都有一只鸡、每间车房里都有一辆汽车的胡佛总统被轰下台，罗斯福在国家危难之际当选为美国总统。他组织了一批有远见卓识的经济学家、法律专家组成智囊团，一起出主意、想办法，渡过难关。在这以后的100多天里，罗斯福政府进行了大刀阔斧的改革，颁布了100多种新政措施，用各种办法刺激经济，以摆脱危机。他给银行提供补助，帮助大银行恢复营业；支持大资本家吞并中小企业；帮助本国产品打开国外市场；监督工厂生产及其产品质量、价格；政府拨出巨款收购农畜产品；救济失业工人、老人、儿童和残疾人，制定了工人最低工资；组织失业工人兴修水利，造防护林，建造机场、学校，让工人重新就业；与拉丁美洲国家加强贸易往来，并与苏联建交。

在大危机时代，社会一片恐慌。罗斯福总统一次次在广播中发表"炉边谈话"，他说："我们对未来并不失望，因为美国人

1932年的美国失业工人

民并没有失败。毫无根据的恐惧使大家瘫痪，我们需要的是努力，将后退转化为前进。"他的乐观亲切的话语、坚定的语气让人们听到了希望，恢复了信心。由于罗斯福总统注意关心下层劳动人民的疾苦，保证工人的最低工资，还向富人征税，坚定不移地实行新政，罗斯福新政终于取得了良好的效果：国家经济大有起色，从萧条混乱的阴影中一步步走了出来，工人的工资增加了，失业人数减少了三四百万；工业生产有所恢复，经济形势的好转也使国家

1929~1933年的经济危机

20世纪20年代，美国证券市场兴起投机狂潮，"谁想发财，就买股票"成为一句口头禅，人们像着了魔似地买股票，梦想着一夜之间成为百万富翁。疯狂的股票投机终于引发一场经济大灾难。1929年10月24日，纽约证券交易所股票价格雪崩似地跌落，人们歇斯底里地甩卖股票，整个交易所大厅里回荡着绝望的叫喊声。这一天成为

可怕的"黑色星期四"，并触发了美国经济危机。

到1933年，整个资本主义世界工业生产下降40%，各国工业产量倒退到19世纪末的水平，资本主义世界贸易总额减少2/3，美、德、法、英共有29万家企业破产。资本主义世界失业工人达到3000多万，美国失业人口1700多万，几百万小农破产，无业人口颠沛流离。

罗斯福新政时期的美国

政权得到了巩固,罢工大大减少,生活秩序井井有条了。新政缓和了社会矛盾,挽救了颓废的国家经济,开创了由国家控制资本主义经济生产的先例,后来英、法、德等资本主义国家也纷纷效仿。

无论是在经济大危机中,还是在后来的二战中,面对困难与挫折,这位身残志坚的总统总是沉着冷静,带领美国人民战胜困难。他因此得到了人民的信赖,接连4次当选为美国总统。

☆第二次世界大战的爆发

1939年9月1日拂晓,德国法西斯头目希特勒一声令下,150万德军全线越过德波边界,2300架飞机在天空呼啸而过,2500辆坦克和6000门大炮发出震耳欲聋的轰鸣,向波兰腹地潮水般地压过去,第二次世界大战全面爆发了。这场战争整整进行了6年,席卷61个国家和地区,是人类有史以来规模最大的战争。

发动侵略战争的德国、日本、意大利三个法西斯国家曾经横行一时:德国在1941年上半年时,已经灭亡和控制了欧洲14个国家;日本在中国、东南亚和太平洋地区的侵略也连连得逞;意大利则在非洲等地大肆扩张。

然而,人民是永远不会屈服的。英国、美国、苏联、中国和世界上所有遭受法西斯势力蹂躏的国家组成战时同盟,在那最黑暗的年代里与法西斯作斗争。从斯大林格勒保卫战开始,反法西斯同盟的国家在亚、非、欧三大洲各战场不断收复失地,接连反攻,并最终迫使意、德、日法西斯先后投降。1945年,战争以反法西斯力量的胜利而结束!

二战中无家可归的人们

第二次世界大战战场（绘画）

这场战争给人类带来空前的浩劫和灾难。挑起战争的法西斯罪魁受到了历史的惩罚：日本的东条英机自杀未遂，后被远东国际军事法庭处以绞刑；意大利的墨索里尼被枪决后尸体倒悬在米兰广场示众；希特勒嘱咐他的党徒，在他自杀后一定要把他的尸体烧掉。这个战争狂人就这样结束了他罪恶的一生。

德国空军 Ju—87 俯冲
轰炸机大举进攻波兰

☆不列颠空战

在第二次世界大战中，德军在相继侵占西欧14国以后，便想征服英国。1940年7月16日，希特勒下达了全面入侵英国的"海狮计划"。为夺取制空权，德国空军在1940年8～10月对英国本土进行了大规模的连续空袭。

初期阶段德军空袭的主要目标是英

1943 年 5 月 12 日盟军在突尼斯会师

国的军舰、海军基地、飞机场和雷达站，9月 7 日起德军转而轰炸伦敦等重要城市，企图摧毁英国人民的抵抗意志。德军动用了2000架左右的飞机，飞行46000多架次，投掷了 6 万吨炸弹，给英国造成了重大损失，首都伦敦遭到严重破坏，形势严峻。仅拥有 1000 余架飞机的英国皇家空军充分利用在本土上空作战的有利形势，使用刚刚发明的雷达早期预警系统，以 915 架飞机的代价使德国损失1733架飞机，6000名飞行员，对德军进行了有力的还击。德军无法实现预期目的，10月初德国空军转入夜袭,不列颠空战接近尾声。

不列颠空战是第二次世界大战中规模最大、时间最长的空战。英国取得了自卫战的胜利,希特勒征服全西欧的军事冒险受到严重挫败,有力地鼓舞了世界各国人民的反法西斯斗争。

☆日本偷袭珍珠港

夏威夷群岛中的瓦胡岛美丽而又富饶。在岛的边缘处有一个平静的海港叫珍珠港,它是美国在太平洋的海军基地。

1941年12月7日星期天的清晨,港口一片宁静,许多美国军官在周末舞会之后还在睡梦中。这时,太平洋上一支由6艘航空母舰和14艘战舰组成的庞大的日本舰队正悄悄驶来。180架飞机从航空母舰上起飞,偷偷地向珍珠港迅猛扑去,此时正是早上7时50分。日本企图偷袭珍珠港由来已久。日本自从1937年侵略中国后就妄图进一步侵略东南亚,称霸太平洋,这就威胁到美国在太平洋的利益。美、英等国对日本实行的石油禁运又使日本寸步难

美国的军舰被日本飞机击沉

行,日本决定先占领东南亚夺取石油资源,而美国太平洋舰队又威胁到日本的计划,为此日本联合舰队司令山本五十六指挥发动了这一次偷袭。

"轰隆隆",随着一阵惊天动地的爆炸声,岛上的机场及战舰停泊处升起了烟柱,美国士兵起初竟以为这是一次特殊的演习。日机的空袭直到9时15分才全部结束,前后历时1小时50分,共炸沉或击伤美主力舰8艘,各类辅助舰只10余艘,击毁飞机188架,美军官兵死伤达4800多人,而日本仅损失29架飞机。日本对珍珠港的偷袭宣告了太平洋战争的爆发。

日军飞机突袭珍珠港空军基地

☆诺曼底登陆

1941年,苏德战争爆发后没几天,苏联曾要求西方国家在欧洲开辟第二战场,迫使德军腹背受敌、两面作战,以减轻苏军的压力。英、美两国出于各自的战略考虑,迟迟未开辟第二战场。直到1943年下半年,第二次世界大战的形势已发生根本

盟军坦克从诺曼底登陆

转变,考虑到战后的东西方格局,英、美在德黑兰会议上答应最迟于1944年春在法国北部登陆,开辟第二战场,并确定了这次登陆的代号为"霸王"行动,由美国的艾森豪威尔将军任盟军最高统帅。

根据"霸王"行动计划,英美联军由英国本土出发,横渡英吉利海峡,以法国西北部的诺曼底为主攻方向。为此,盟军集结了86个师288万人,6千余艘各类舰艇、1.37万架飞机,并大布疑兵之计,制造了在加来登陆的假相。1944年6月6日凌晨,

气候恶劣,盟军3个空降师在诺曼底着陆,大批飞机和军舰袭击德军海岸防御工事,随后由船只运输的进攻部队成功登陆,突破了希特勒吹嘘的"大西洋壁垒"。至7月24日,盟军阵地已扩展到正面宽100千米、纵深30～50千米的范围。至8月中旬,在法国的英美军队已达200万,登陆任务胜利完成。诺曼底登陆战是迄今历史上规模最大的一次两栖作战行动,盟军取得了预期的胜利,歼灭德军45万,击毁坦克1500辆,大炮3千多门、各种车辆2万多辆。这次战役的胜利加速了希特勒的灭亡。

1944年6月6日盟军在诺曼底登陆

☆太平洋战场的转折点

中途岛是北太平洋上的一个珊瑚小岛,在珍珠港西北1000余海里处,是美国重要的海军和空军基地。

1942年5月,日本海军指挥官山本五十六提议侵占中途岛,作为向南扩张的基地,并诱使美国的太平洋舰队进行决战,将其一举全歼。提议很快得到了日本最高统

帅部的批准。为此,日军调集200余艘舰只,700余架舰载飞机。但是,美国太平洋舰队及时破译了日本的无线电密码,对日军行动了如指掌,舰队司令尼米兹上将把舰队隐蔽于中途岛东北200海里处。6月4日凌晨,日军向中途岛发起攻击,因美军早有准备,日军不但没有取得预期效果,反

中途岛海战中的美军舰载战斗机

而陷入两面作战的境地，既要轰炸中途岛，又要攻击美国舰队。日军仓促为飞机加装鱼雷，把大批炸弹堆放在甲板上。上

中途岛海战中的美国战列舰

午10时左右，美军的舰载飞机100余架分批连续攻击日舰。日军3艘航空母舰中弹，引爆甲板上的炸弹，航母当即沉没。傍晚又1艘日军航空母舰被击沉。5日凌晨，山本五十六被迫下令取消此次行动。

中途岛之战美军以少胜多，仅损失航空母舰和巡洋舰各1艘，飞机147架；而日本损失大型航空母舰4艘、巡洋舰1艘，飞机300余架，兵员3500人。从此，日本丧失了海上制空权，无力再在太平洋战场上实施战略进攻。

☆美国在日本投掷原子弹

1945年8月6日和9日，美国向日本的广岛和长崎投掷了两颗原子弹，造成20多万人的伤亡。原子弹的巨大威力震撼了世界。那么，美国为什么在日本投掷原子弹呢？

在原子弹研制初期，美国就确定对日本使用原子弹。在原子弹研制尚无充分把握时，美国曾计划用它来轰炸集合在特鲁克群岛的日本舰队，以避免原子弹不爆炸

轰炸日本本土

1944年夏，美国动用B-29重型轰炸机对日本本土进行猛烈轰炸。

广岛废墟

　　1945年8月6日,美国B-29麦炸机投下的原子弹爆炸后,广岛顿时成为一片废墟。

时被敌人回收而泄露机密。后来,随着原子弹试验的成功,他们决定把目标选择在人口比较集中、没有遭到过普通轰炸的城市广岛、小仓、新宿、长崎中的任何一个,以便科学家同步观测原子弹的性能,检测其威力。

　　第二次世界大战行将结束时,美国最高军事当局估计,如果美国动用76万军队猛攻日本本土的九州岛或进攻日本的本州,双方将会有一场最激烈的恶战。马歇尔将军预言美军死亡总数将达到50万人。1945年夏,美国公众的厌战情绪已达到极

原子弹爆炸时形成的蘑菇云

点。另外,美国用于研究原子弹的花费已达到20亿美元,相当于第二次世界大战期间美国用于生产弹药的全部费用。如果花费如此巨额经费而研制的原子弹不能在战争中显示威力,美国议会必然会就军费去向问题作出强烈反应。

　　1945年7月4日,美国最终决定对日本使用原子弹。7月31日,杜鲁门对空军下达了8月2日以后向广岛、小仓、新宿、长崎四个城市中的任何一个城市投掷原子弹的命令。

☆ 日本无条件投降

　　1945年初,墨索里尼、希特勒的相继覆灭给日本法西斯政权以沉重的打击。惊恐不安的日本军政头目自知已陷入天罗地网中,但又不甘心失败。

　　与此同时,盟国方面加强了军事攻势。美国在3月间攻占日本的硫黄列岛,6月间占领冲绳岛,并加强对日本本土的空袭。7月26日,中、美、英三国发表敦促日本投降的《波茨坦公告》,使日本统治集团内部一片混乱。8月6日,美国在日本广岛上空投下名为"男孩"的原子弹,顿时整个广岛变成一片废墟,居民死伤13万多人。8月8日,苏联对日宣战,兵分三路向中国东北、内蒙的日本占领区挺进;8月9日,毛泽东发表《对日寇的最后一战》的声明,中国八路军、新四军开始了对日寇

日本投降

　　1945年9月2日,在日本东京湾的美军密苏里号巡洋舰上,日本外相重光葵在投降书上签字,二战正式宣告结束。

的大反攻。同日,美国又在日本长崎投下了第二颗名为"胖子"的原子弹,又造成超过10万人的死伤。此时,日军已陷于绝境,统治集团慌了手脚,走投无路,当日召开最高军事会议研究接受《波茨坦公告》问题。深夜11时半,天皇决定接受"公告",但附有一项要求保留天皇制的"谅解"。

　　8月14日,日本宣布无条件投降。9月2日,日本代表在美舰"密苏里号"上向中、美、英、苏、法、澳等盟国代表签署了投降书。至此,第二次世界大战以全世界人民的伟大胜利而告结束。

☆丘吉尔

　　1940年5月10日,纳粹德国对西欧国家发起了突然攻击。就在这一天,65岁的温斯顿·丘吉尔在危难之际担负重任,出任英国首相。

　　丘吉尔是英国老资格的政治家,曾多次出任内阁大臣。在第二次世界大战爆发前,他就是英国人民熟悉的对德"强硬派"领袖。当选为首相后,他发表演说:"英国只有一个念头:打赢战争,消灭纳粹!""我没有别的,我只有热血、辛劳、眼泪和汗水贡献给大家。"不久,前线的形势越来越严重。5月底,英军被迫从法国仓皇撤退;6月22日,法国宣布投降;德国的势力席卷整个西欧。德国空军对英国进行了大规模的空袭,孤立无援的英国处境十分危险。丘吉尔坚决拒绝了希特

《英国首相丘吉尔》

　　这幅作品以稳定的构图,强烈的质感,丰富的影调,突出地表现了第二次世界大战时期,英国首相丘吉尔坚定、沉着、冷静、威严的神态。摄影者是卡希。据说,拍照之前,卡希强行取下了丘吉尔手中的雪茄烟,这个举动激怒了丘吉尔,当他刚要发作的时候,卡希则不失时机地按下快门,拍下了这张使他一举成名的作品。事后丘吉尔说:"你能使怒吼的雄狮安静下来,可见你的权力之大。"卡希生于土耳其,后移居加拿大。他是一位肖像摄影家,善于抓取人物神态,表现人物性格。

勒所谓的"和平"建议,他发誓用上帝给予英国的全部能力和全部力量在海上、陆上和空中进行战争,"不惜一切代价去争取胜利。"

1941年8月,丘吉尔同美国总统罗斯福在大西洋一艘军舰上会晤。这位下肢瘫痪的美国总统硬要自己的儿子搀扶他站起,同丘吉尔热烈握手,以表示他对丘吉尔的敬意。接着,两人签署了《大西洋宪章》,表达了共同反对纳粹暴政的决心。不久以后,苏、中、美、英等26国在《大西洋宪章》的基础上发表了共同宣言,结成了世界反法西斯联盟。

年轻时任海军部长的丘吉尔

☆ 戴高乐——法国的太阳神

1940年6月14日,法西斯德国侵略军以"闪电战"攻占了法国首都巴黎。两天以后,法国政府垮台,随之登台的新政府宣称:"法国应当停止战斗,别无他途。"法兰西民族正处于危难之际。

戴高乐和丘吉尔在一起

17日,一位英国将领回国,戴高乐以法国国防部次长身份到机场送行。就在与客人握手告别、飞机开始滑行时,他蓦地纵身,一下子跃上了飞机。几秒钟后,飞机腾空而起,直插蓝天。第二天,法国人民从收音机里听到了他的声音:"我是戴高乐将军,我在伦敦……战争没有失败!国家没有灭亡!希望没有破灭!法国万岁!"这声音犹如在黑暗的大地上升起一道希望的火光。惊慌失措的法国傀儡政府缺席判处他死刑。

此后,戴高乐在伦敦组织了"自由法国"(后改称"战斗法国")运动。他招募士兵,组织军队,联系国内外一切抗德力

戴高乐重返法国政坛

1958年6月4日,法国陷入由阿尔及利亚殖民战争触发的严重政治危机。在这紧急时刻,已于1953年宣布退出政坛的戴高乐,出任法兰西第四共和国末任总理,同年12月21日当选为总统。此后,法国从资产阶级议会制国家变革为半总统制国家。1965年,他再度当选为总统。戴高乐大力发展尖端技术和新兴工业,实现工农业现代化。1968年,巴黎大学生上街示威游行,酿成"五月风暴",戴高乐因此一度出走。1969年4月,戴高乐在两项关于社会变革的提案的公民投票中受挫,宣布辞职,潜心撰写回忆录。1970年11月9日在科龙贝双教堂村,英名一世的戴高乐因病去世。

量,坚持抗击法西斯的斗争。1944年,反法西斯战争已胜利在望,以戴高乐为首的法兰西共和国临时政府成立,他率领部队向巴黎进军,终于回到了自己的祖国。

在1946年1月退出政府以后,戴高乐曾归隐科隆贝乡间故居,著书立说。1958至1969年,他再度出山,担任了10年法国总统。一位美国作家这样评论戴高乐:"他就是法国的太阳神!"

☆以色列和巴勒斯坦

犹太人的精神家园在古城耶路撒冷。但到20世纪初,大部分犹太人却分散在世界各处,尤其是欧洲、美国和俄国。耶路撒冷在巴勒斯坦境内,当时巴勒斯坦是奥斯曼帝国的组成部分,绝大多数耶路撒冷居民是阿拉伯人。但是从19世纪80年代开始,大量的犹太人纷纷返回。

1917年,英国在贝尔福宣言中声称将帮助犹太人建立一个民族之家。此时奥斯曼帝国在战争中正面临失败,即将瓦解。面对这种情况,国际联盟委托英国统治巴勒斯坦直到它能自治。

开始,只有少量的犹太人到巴勒斯

"六日战争"中的以色列士兵

1967年6月5日早晨7时45分,以色列出动了几乎全部空军,对埃及、叙利亚和伊拉克的所有机场进行了闪电式的空中偷袭。空袭半小时以后,以色列地面部队才发动进攻,阿拉伯国家奋力抵抗。共计10日战争结束,阿拉伯国家战败。这就是第三次中东战争,也称"六日战争"或"六·五战争"。

战争中的巴勒斯坦青年

坦,自20世纪30年代德国纳粹党上台后,德国的犹太人惨遭迫害、监禁以及杀戮。他们的经营被破坏。于是,大批犹太人纷纷逃离。

犹太人有的去了欧洲其他地方或美国,另外一些则在巴勒斯坦开始了新生活。随着犹太移民的不断增加,双方紧张局势也在不断增长,最后终于引发了武装冲突。为了维护和平,英国开始限制犹太移民入住巴勒斯坦。

二战后,许多犹太人希望移民到他们的先辈所在地——巴勒斯坦,以圆复国之梦,然而这些犹太复国主义者遭到阿拉伯人的强烈反对。尽管有些犹太人提倡"自我克制",但是一些犹太组织却主张激烈的报复政策。英国不能解决双方的冲突,于是将巴勒斯坦问题提交联合国。1947年,联合国决定将巴勒斯坦分为犹太国和阿拉伯国两个国家,耶路撒冷则由联合国托管,因为耶路撒冷对犹太教徒、穆斯林教徒和基督徒是同样神圣

的。犹太人接受这一建议,阿拉伯人则拒绝。1948年5月14日,英国结束委任统治。当天,犹太人领导人戴维·本－古里安宣布成立以色列国。阿拉伯联盟(黎巴嫩、叙利亚、伊拉克、约旦和埃及)立即对以宣战并发动进攻,以色列迅速击败他们,从而使以色列的版图扩大了四分之一。

☆联合国的成立

在20世纪的头50年里,先后发生了两次世界大战,无数人战死,社会财富毁于战火,社会生产遭到极大破坏。避免战争悲剧重演、维护世界和平安全、加强国际合作,成为全球人民的共同心声。联合国正是顺应此潮流,在二战中的国际反法西斯统一战线的基础上建立起来的。

1941年8月,美国总统罗斯福与英国首相丘吉尔在纽芬兰的阿根夏湾军舰上,举行了战争以来的首次会晤,认为应加强所有反法西斯国家的统一行动,于是提出"建立广

联合国大会

147

联合国标志

标志里面是世界地图，四周是橄榄枝，象征和平。

泛而永久的普遍安全制度"的设想。他们于8月14日共同发表《大西洋宪章》，并致信苏联斯大林元帅，发出邀请。次年1月，美、英、苏、中等26个在二战期间参加对德、意、日法西斯轴心国作战的国家代表来到华盛顿，共同签署了《联合国家共同宣言》。它的问世标志着不同意识形态、文化传统、政治经济状况的国家为了反法西斯的共同目标联合起来。之后，又有21个国家陆续加入。1943年10月，中、苏、美、英4国在莫斯科发表了《普遍安全宣言》，正式提出"根据一切爱好和平的国家主权平等的原则，建立一个普遍性的国际组织"。1944年，4国代表再次集会于美国华盛顿市附近的顿巴敦橡树园内，将拟订成立的国际组织命名为"联合国"，并就其宗旨、原则、主要机构的组成及职权作了规定。至此，联合国基本轮廓初步形成，但那次会议在联合国安全理事会表决程序及创始会员国范围等问题上还存有分歧，直到1945年2月的美、英、苏雅尔塔会议上才通过协商解决了这些问题。

1945年4月到6月，先后有50个国家的282名代表接受邀请，聚集旧金山，出席了《联合国宪章》制宪会议，并在《联合国宪章》上签字。10月24日，《联合国宪章》正式生效，宣告联合国正式成立。这一天被命名为"联合国日"。

联合国总部设在美国纽约，在瑞士日内瓦设有欧洲办事处。其主要机构有联合国大会（简称"联大"）、安全理事会、经济及社会理事会、托管理事会、国际法院、秘书处等6个机构。其中联大由联合国全体会员国组成，是重要的审议机构。安理会负责维护世界和平，有权根据联合国宪章采取一切必要的行动。根据宪章规定，安理会有中、英、美、苏、法5个常任理事国。托管理事会自1981年美国结束对太平洋岛屿的托管后，自动废止。国际法院受理国际诉讼案件，院址设在荷兰海牙，由15名不同国籍的法官组成。秘书处是联合国日常行政管理机关，其任务是为联合国其他机构服务，并执行这些机构制定的计划和政策，设秘书长1人，秘书长是联

联合国维和人员与柬埔寨居民交谈

合国的主要行政负责人。

联合国是当今世界各国政府间最大的国际性机构,其宗旨在于:维护国际和平与安全,发展各国间友好关系,促进国际合作,协调各国行动。但同时仍有个别超级大国想利用联合国来达到其霸权主义的目的。

无人区

第二次世界大战后,德国被一分为二。美国、法国和英国控制了西德,苏联控制了东德。首都也被分为西柏林和东柏林。1949～1958年,300万人从东柏林逃往西柏林。1961年,东德建立了通过该城中心的柏林墙,关闭了这条逃亡路线。柏林墙横穿过电车轨道和道路,建立了一个称作"无人区"的区域。

☆冷战时代

1945年,人类历史上规模最大、损失最惨重的战争——第二次世界大战结束了。然而不久,一场新的"战争"——以美国为首的资本主义国家针对以前苏联为首的社会主义国家的冷战时代却就此开始。之所以称作冷战是因为它不像以往所发生的大规模战争那样硝烟弥漫,死伤惨重,而是若隐若现,只在矛盾激化时才真正大动干戈,而且也只发生在一些局部地区。这场战争不仅是军事较量,更是政治、经济、

高新科技的竞争,这场斗争持续了40多年,是一场不怎么显现,但又时时存在的"战争"。

二战中,美国实力空前强大,凭着原子弹的威慑力和雄厚的经济力量,妄想称霸全球,而当时唯一能与之分庭抗礼的便是前苏联。在关于战后世界格局的安排上,两国态度迥然不同。最终,随着共同敌人法西斯势力的垮台,二战的结束,美苏两国矛盾尖锐起来。

1946年2月,美驻苏代办乔治·凯南向国内发回一份8000字的电报,提出一整套遏制前苏联的政策。同年3月,已卸任的英国前首相丘吉尔在美国密苏里州富尔敦发表了铁幕演说,声称铁幕西边的西欧国家要与美国结成同盟,共同对付铁幕以东来自"俄国的扩张与挑衅"。台下的听

1989年拆除柏林墙,德国实现统一

众——美国总统杜鲁门鼓起掌来，就此，拉开了冷战时代的帷幕。

1947年，杜鲁门主义出台，它是美国外交政策的转折点。从此，美国开始充当世界警察角色，实施了向西欧盟友提供大批经济援助的马歇尔计划，帮助其尽快从二战的废墟中站起来，同时组织了英、法、荷、比、卢、加、德等15个西方国家，成立北大西洋公约组织，简称"北约"，彼此进行军事援助。之后，通过"第四点计划"、《美日安保条约》《东南亚防务条约》《巴格达条约》，建立起美国领导的从北大西洋，经西欧、地中海、中东、东南亚到东北亚的新月形军事集团体系，形成了以美国为首的西方集团。

对此，前苏联也迅即作出反应，于1949年组织保加利亚、匈牙利、波兰、罗马尼亚、捷克等东欧社会主义国家，成立经济互助委员会，并在此基础上于1955年加上东德、阿尔巴尼亚共同成立华沙条约组织，简称"华约"，互相援助，加强合作。

冷战漫画

在这幅1962年的漫画中，苏联的赫鲁晓夫（左）和美国总统约翰·肯尼迪（右）相对抗，在他们的核按钮上掰手腕儿。

两大阵营就此形成，彼此对立。20世纪50年代的朝鲜战争、越南战争、埃及收复苏伊士运河的斗争，以及几次柏林危机、60年代的古巴导弹危机无不涉及两大阵营间的较量。1991年，由于前苏联的解体，世界形势剧变，"华约"组织解散，冷战时代的格局就此结束。

☆ 欧洲的联合

1950年5月9日下午4时，在法国外交部钟厅，法国外长舒曼在举行记者招待

欧盟总部外景

会，他向在场的100名记者宣读了一项声明，提出了构建欧洲和平的打算，即结束法德之间长达百年之久的冲突，实现欧洲国家的统一。为此，法国政府倡议："把法德的全部煤和钢铁生产置于一个高级联营机构的管制之下，其他欧洲国家也可以参加。"这种联合意味着"将来在法德之间发生战争是不可想象的，而且在物质上也不可能。"舒曼的这一声明被称为"舒曼

欧盟的旗帜

计划"。当天晚上8时，联邦德国总理阿登纳举行记者招待会，对舒曼的倡议大加赞赏，表示完全愿意接受煤钢联营的计划。第二年初，法国、联邦德国、意大利、比利时、卢森堡和荷兰的六国外长在巴黎签署《欧洲煤钢联营条约》，在通往欧洲统一的道路上迈出了重要的第一步。

几个世纪以来，欧洲的思想家们和政治家们曾经提出过各种欧洲联合的构想，但是到了20世纪下半叶，欧洲联合才第一次有了真正实现的可能。第二次世界大战后，欧洲国家的政治经济地位普遍下降，在欧洲，出现了美苏严重对峙的局面。对欧洲国家来说，只有走联合自强的道路，才能从美苏冷战的格局中摆脱出来，在国际舞台上重新扮演重要的角色。1946年9月，英国保守党领袖丘吉尔在苏黎世大学发表演说，号召建立"欧洲合众国"。之后，主张欧洲统一的各种组织纷纷出现，欧洲联合真正被提上议事日程。

欧洲六国在建立欧洲煤钢共同体后，继续探索欧洲联合的道路。1957年，六国签订《罗马条约》，又建立了欧洲经济共同体和欧洲原子能共同体，这三个共同体在20世纪60年代合并为欧洲共同体（又称欧洲共同市场），实行共同的农业政策，建立关税、经济和货币合盟。从1973～1986年，英国、爱尔兰、丹麦、希腊、西班牙和葡萄牙相继加入，共同体成员国扩大为12个。

随着经济一体化的加深，共同体在政治领域的合作也不断加剧。20世纪70年代，共同体通过了关于政治问题的报告，开始定期协调对上政策，努力在国际事务中"用一个声音说话"。20世纪80年代，又签署了关于建立欧洲联盟的声明。1991年，欧洲共同体正式改名为欧洲联盟。

20世纪90年代，欧洲的联合又迈上了一个新的台阶。1993年1月1日，欧洲统一大市场正式启动，成员国之间实现了商品、资金、劳务和人员的自由流动。1999年欧盟开始实行单一货币——欧元。

位于斯特拉斯堡的欧洲议会大厦

☆ 中东危机

1948年，阿拉伯联盟在与以色列的战争中以失败告终。双方处于不稳定的停火状态。约旦已经占领了包括部分耶路撒冷在内的约旦河西岸的以色列领土。同时，以色列继续接纳大批从欧洲、苏联、美国移民而来的犹太人。另一方面，留在以色列的于1948年战败的阿拉伯人现已成为正式的公民。而在战争爆发时逃往以色列的阿拉伯人却被看作是巴勒斯坦的难民。巴勒斯坦人不愿承认以色列政府的合法性，于是不断地组织抵制运动，同时加紧建立自己的独立政府。

1956年，中东危机再次爆发，起因是埃及控制了原属英法统治范围的苏伊士运河，于是英法与埃及开战。以色列对此深感忧虑，出兵入侵了埃及的西奈半岛，破坏了埃及在当地的基地。1967年6月5日，中东第三次战争——阿以战争爆发。这场战争持续了6天。以色列破坏了埃及的空军力量，并且控制了整个的耶路撒冷、约旦河西岸、戈兰高地、加沙走廊和西奈半岛。1973年10月，第四次中东战争爆发。埃及越过苏伊士运河出兵进攻以色列。同时叙利亚也入侵戈兰高地。但双双被以色列击败。

1976年，黎巴嫩的穆斯林教徒与基督教徒之间爆发内战。许多住在黎巴嫩难民营里的巴勒斯坦人加入到穆斯林教徒一方。叙利亚也卷入其中，接着联合国维和部队出面调停。1982年，以色列入侵黎巴嫩，试图把巴勒斯坦人驱除出境，但以失败而告终。

自此，以色列、埃及和约旦达成和平协议，以色列同意巴勒斯坦部分自治，但紧张与冲突仍然继续阻碍和平进程。

黎巴嫩首都贝鲁特在1976年的战争中遭到破坏。

☆ 波斯湾战争

盛产石油的波斯湾地区是全世界瞩目的焦点，尤其是西方国家，石油消费量的一半都来自于这一地区。因而，这一地区实际上成为西方国家的"输血管"或"生命线"。

1990年8月2日，伊拉克驻科威特边境的十几万军队、365辆坦克同时向科威特突进，3个小时便占领了首都科威特城，伊拉克随即宣布科威特为伊拉克的第19个省。然而，一石击起千层浪，不仅科威特人民反抗侵略情绪强烈，整个阿拉伯世界都一致反对伊拉克对科威特的入侵，更重要的是，美国及西欧国家极不愿意看到有任何势力控制海湾地区，从而危及这条"生命线"。

整个世界密切关注海湾地区的局势。美国在西方盟国的配合下，加紧对伊拉克的经济封锁，到10月中旬基本完成"沙漠盾牌"行动计划，完成了对伊军事部署。英、法、意等国也派出了军队，加上埃及、叙利亚等阿拉伯国家的军队，共有20多个国家的40万人军队部署在伊拉克周围。联合国在美国等西方国家影响下，通过了谴责伊拉克入侵行径的几项决议。然而，经济制裁、地上禁运、海上阻截、空中封锁，都未能迫使伊拉克就范。

1991年1月17日晨，持续了169天的海湾危机终于转变为一场大规模战争。以美国为首、由28个国家组成的多国部队对伊拉克开始大规模空袭。开始，美国实施战略轰炸，力争以炸迫降，在此之后的38天中，美国出动飞机94000架次，投下炸弹88500吨。但战略轰炸未能使伊拉克投降。于是从2月24日起，美国开始进行地面决战，打了4天，伊拉克宣布从科威特撤军，并接受安理会所有决议。

海湾战争是一场现代高科技的较量，双方动用了各种激光制导炸弹、战斧式导弹、爱国者导弹、EA-6徘徊者电子战飞机、无线电压制、反辐射导弹等一系列最先进武器，并动用了包括近30颗卫星和各种夜视器的现代化侦察手段。这场战争也是二战结束后卷入国家最多的一次局部战争，具有全球性的军事、政治影响。

海湾战争中的美军士兵

☆海湾战争中的萨达姆

　　萨达姆·侯赛因,1937年4月28日出生于伊拉克萨拉赫丁省提克里特的一个农民家庭。他自幼丧父,靠叔父抚养成人。1960年,他前往埃及开罗大学攻读法律。

　　萨达姆20岁加入阿拉伯复兴社会党,并很快成为该党的主要领导人之一。他曾长期担任党的地区领导机构副总书记职务。

　　1969年,萨达姆当选为伊拉克革命指挥委员会副主席。1979年,他出任伊拉

海湾战争中的坦克

克总统,并兼任伊革命指挥委员会主席、总理和阿拉伯复兴社会党地区领导机构总书记。

　　1980年,萨达姆领导伊拉克同邻国伊朗进行了历时8年的两伊战争。1990年,伊拉克入侵科威特,并引发海湾战争。

　　2003年3月20日,美英以伊拉克拥有大规模杀伤性武器为借口,对伊发动战争。4月9日,美军占领伊拉克首都巴格达,萨达姆政权垮台。同年7月22日,萨达姆的两个儿子乌代和库赛被美军打死。

　　2003年12月13日,萨达姆在其家乡提克里特被美军抓获。2004年1月,美国宣布萨达姆为战俘。同年6月30日,萨达姆被美英联军"正式移交"给伊拉克临时政府。7月1日,伊拉克特别法庭开始对萨达姆进行审判。2006年11月5日,伊拉克高等法庭宣布,萨达姆因在1982年躲过杜贾尔村暗杀后对当地村民采取报复行动,杀害了143人,犯有反人类罪被判处绞刑。同年12月30日,萨达姆被处死。